目で見る

糖尿病の人のための食材&料理700

面倒な栄養計算不要

食事療法がよくわかる

主婦の友社

はじめに

糖尿病の患者さんは、境界型の人も含めると全国に２０００万人以上いるとされています。糖尿病がこわいのは、初期に自覚症状がほとんどないことです。病気に気づかず治療せずにほうっておくと、糖尿病が進行し、命にかかわるような合併症を発症してしまうことがあります。そのため、早期の発見、早めの治療が重要です。

糖尿病の９割を占める２型糖尿病の治療の柱のひとつが、食事療法です。その基本は、①適正エネルギーの摂取、②栄養バランスのよい食事をとる、③糖質の適正な摂取です。加えて、血糖値を上げない食べ方をすることで、血糖値のコントロールが可能です。「糖尿病食はおいしくない」「糖尿病食は味が薄い」という誤解があるようですが、糖尿病の食事療法で食べてはいけない食品はありません。糖尿病食は、いわゆる健康的な食事なので、ポイントを押さえれば無理なく食事療法を続けることができます。また、選び方さえ気をつければ、外食や市販の総菜を楽しむこともできます。

本書では、糖尿病の食事療法についてていねいに解説するとともに、かんたんでおいしい、作りやすいレシピを多数紹介しています。さらに、糖尿病の食事管理に役立つように、日常的によく食べる食材や料理の栄養データも掲載しています。ぜひ本書を役立てていただければ幸いです。

この本の対象

本書は、医師から糖尿病、境界型と診断されたかた、血糖値が高いと言われたかたの食事療法を目的としています。病気の進行度合いや肥満の程度により、目指す値が異なります。主治医の指示のもと行ってください。

●この本の特徴

料理の選び方を掲載

1日あたりの適正なエネルギー量を守るために、エネルギー量で料理を選びましょう。本書では、主菜は約300kcal、副菜は約100kcal、主食500kcal以下をめやすに構成しています。個人の適正なエネルギー摂取量に合わせて選択、調整しましょう。

糖質を減らすコツも紹介

適正なエネルギー量を守るだけでなく、糖質をとりすぎないようにしましょう。主菜で糖質を減らす調理のポイントを紹介しています。また、主食も上手な食材利用で糖質を減らすことができます。

カラー写真で見やすい！栄養価が一目瞭然！

6、7章の栄養データ編は、全点、カラー写真で示しています。さらに大きな文字で掲載していますので、エネルギー、炭水化物（糖質）、たんぱく質といった栄養成分値も見やすくなっています。また、計量カップや計量スプーンを使用することが多い調味料類などの食品は、カップやスプーンあたりの栄養成分値で掲載しています。

レシピはすべて減塩レシピ

糖尿病はもとより、合併症のリスクを減らすためにも、塩分のとりすぎはよくありません。減塩を心がけましょう。主菜、副菜、主食すべて食塩量を抑えた、低塩でもおいしいレシピを紹介しています。汁物は減塩にするために、だしのとり方も掲載しています。

日常よく使う食材の栄養データも掲載

6、7章の栄養データ編では、日常的によく使う食材の栄養データを掲載。卵1個、あじ1尾などきりのよい単位や、1杯、1玉といった単位で計算した数値を掲載しています。

目で見る
糖尿病の人のための早わかり 食材&料理700

目次

3章 低糖質の副菜・汁物

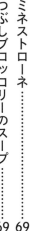

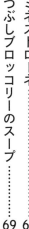

4章 低糖質の主食

5章 低糖質の作りおき

6章 栄養データ 食材編

7章 栄養データ 料理編

8章 糖尿病の基礎知識

コラム

この本の決まりごと

レシピのこと

・計量単位は、1カップ＝200㎖、大さじ1＝15㎖、小さじ1＝5㎖です。調味料は小さじ1/6まで表示し、ごく少量の材料は「少々」と表記しています。

・2人分が基本ですが、一部は作りやすい分量となっています。1人分作る場合は半量をめやすに減らします。

・材料にある食材の重量（g）は、廃棄する部分（野菜の皮や種、魚の骨など）を除いた正味量（実際に食べる量）です。食材のめやす量と正味量については、6、7章の栄養データ編を参考にしてください。

・塩は精製塩、しょうゆはこいくちしょうゆを基本とし、うすくちしょうゆを使う場合は明記しています。「だしわりしょうゆ」はしょうゆを同量のだしでわったものです。

・「だし」は指定があるもの以外は、天然素材を使った無添加のだしを使っています。手作りのだしのとり方は68〜69ページに記載していますので、参考にしてください。

・電子レンジの加熱時間は、600Wの場合のめやすです。500Wの場合は、加熱時間を1.2倍にして調整してください。

栄養成分値のこと

・栄養成分値を以下のとおり、示しています。

●2章の主菜、7章の栄養データ・料理編
1人分の「エネルギー」「糖質」「たんぱく質」「食塩相当量」

●3章の副菜・汁物、デザート
1人分の「エネルギー」「糖質」「食物繊維」「食塩相当量」

●4章の主食、5章の作りおき
1人分の「エネルギー」「糖質」「たんぱく質」「食物繊維」「食塩相当量」

●6章の栄養データ・食材編
「エネルギー」「炭水化物」「たんぱく質」「脂質」「食物繊維」「食塩相当量」

・栄養成分値は、「日本食品標準成分表2020年版（八訂）」の数値をもとに算出したものです。食品の成分値は、品種や産地、季節などの条件によって違います。成分値は平均的な数字ですので、めやすとしてください。一部の食品は、メーカーのホームページに掲載されている数値をもとに算出しています。

＊この本の栄養成分値に使われている記号 には、次のような意味があります。

0	まったく含まないか、含まれていないとみなす
〔0〕	推定値が0
微	0ではないが、微量
ー	未測定のもの

1章

糖尿病の食事の基本

糖尿病の治療の基本は、食事療法です。適切なエネルギー量を守って食べすぎを防ぐことが大切。また、栄養バランスのよい食事を心がけ、血糖値をコントロールしていきます。さらに、毎日の食事で実践し、食事療法を長続きさせるためのコツも紹介します。

Point 5 1日3食 規則正しく食べる

1日の適正なエネルギー摂取量を守るだけでなく、食べ方も重要。朝食を抜く、不規則に食べるなどでは、血糖コントロールがむずかしくなります。朝・昼・夕の3食を規則正しく食べましょう。

➡実践法は20、22ページ

Point 6 間食やデザートは低糖質を選ぶ

糖尿病になる人は、甘い菓子や飲料が好きな人が多いですが、血糖値をコントロールするには甘いものは禁物です。どうしても食べたいときは、食べるタイミングとその内容を吟味しましょう。

➡実践法は24ページ

Point 7 アルコールはほどほどに

アルコールは種類によって糖質を多く含みます。また、飲酒すると、食べすぎてしまうことも多く、血糖値が上昇する原因に。お酒との正しいつきあい方は、主治医と相談して飲み方を工夫しましょう。

➡実践法は25ページ

Point 8 外食や市販品も血糖コントロールを

外食が多いから食事療法がむずかしい…、そんなことはありません。外食も市販品も選び方しだいです。エネルギー量や糖質量といった食品成分表示があることも多いので、参考にして選びましょう。

➡実践法は26ページ

食習慣の改善が糖尿病治療の基本

糖尿病は、糖の代謝が悪くなり、血糖値（血液中のブドウ糖の濃度）が高くなる病気です。食事をすると血糖値が上がりますが、インスリンというホルモンが分泌されて下がります。健康であれば、血糖値は一定の範囲内に保たれますが、糖尿病になると、インスリンの分泌が不足したり、働きが悪くなったりして、血糖値が高いままになってしまうのです（くわしくは154ページ）。

　糖尿病にはいくつか種類がありますが、2型糖尿病が9割を占めるので、本書では主に2型糖尿病について解説します。

　糖尿病の治療では、血糖値をコントロールすることが重要で、それには食事療法が欠かせません。2型糖

糖尿病の食事のポイント8

Point 1 適正エネルギー量の摂取

糖尿病の多くの人に共通しているのは「肥満」。肥満の原因のひとつは食べすぎです。1日に必要なエネルギー摂取量は、身長や活動量などによって算出します。自分の適正な総エネルギー摂取量を知りましょう。

➡実践法は12ページ

Point 2 栄養バランスのよい食事をする

適正な総エネルギー摂取量を超えていなければ、自由に食べてもよいわけではありません。何を食べているのかが重要です。体に必要な五大栄養素を過不足なくとっているか、食事内容を見直しましょう。

➡実践法は14ページ

Point 3 1日にとりたい食品を知る

糖尿病の食事療法では、適正エネルギー摂取量と栄養バランスに気を配りながらさまざまな食品を偏りなくとることが大切です。具体的にどの食品をどのくらいとるとよいのか、解説します。

➡実践法は16ページ

Point 4 糖質の適正量を知る

糖尿病の人は、糖質をとりすぎる傾向があります。糖質をとりすぎると血糖値が上昇するので、注意しましょう。糖質を極端に減らすのもよくありません。適正量を守りましょう。

➡実践法は18ページ

尿病は「肥満」「食生活の乱れ」「運動不足」が問題となる人が多くいます。つまり、糖尿病の予防、進行を止める・遅らせるためには、食生活の改善が必要なのです。

毎日続ける！ 糖尿病の食事療法

糖尿病の食事療法を成功させるポイントはいくつかありますが、食べてはいけないものはありません。いわゆる健康的な食事が大切です。

食べられない食材やNGな調理方法はなく、家族や友人と同じ食事をとることができます。とはいえ、日々の継続が必要ですから、家族や友人に病気や食事療法について理解してもらうとよいでしょう。

食事療法を続けていても、予想外に食べすぎることもあるかもしれません。たとえ、うまくいかないことがあっても大丈夫。前後の食事や、翌日以降の食事で調整しましょう。

STEP 3 あなたにとって適正なエネルギー摂取量は？

目標体重		身体活動量25〜30(kcal/kg)		適正エネルギー摂取量
kg	×	kcal/kg	＝	kcal

判定 身体活動量（kcal/kg）

体重1kgあたりに必要なエネルギーは、日常生活の活動量によって異なります。自分にあてはまる数値を選びますが、肥満の人は低いほうで計算します。

低い	普通	高い
25〜30kcal/kg	30〜35kcal/kg	35〜kcal/kg
軽い労作 歩行は1日1時間程度で、1日の大部分は座っている。	普通の労作 座っていることが多いが、通勤・家事、軽い運動を行っている。	重い労作 1日に1時間は力仕事を行っている。または活発な運動習慣がある。

例
身長170㎝、
会社員（男性）、
身体活動量：低い

1.7（m）× 1.7（m）× 22 ＝約64kg → 目標体重

64kg × 30kcal/kg ＝ 1920kcal → 適正エネルギー

肥満の人は

64kg × 25kcal/kg ＝ 1600kcal → 適正エネルギー

食べすぎは禁物！適正な食事量を守る

糖尿病になると、血糖値が高い状態が続くのでインスリンを分泌する量が増えます。この状態が続くと、膵臓の負担が増し、「食事をとる↓血糖値を下げようとインスリンを分泌する↓膵臓がさらに弱る」という負のループに陥り、やがてインスリンをつくるβ《ベータ》細胞が破壊されてインスリンをつくり出せなくなります。しかも、肥満だと、インスリンの働きが悪く、インスリン抵抗性（156ページ）が増しています。

糖尿病で肥満の人は、食べすぎをやめて膵臓の負担を軽くすることが重要です。肥満かどうか、上記の計算式で確認しましょう。自分に合った食事量（適正なエネルギー摂取量）を知って、目標体重を目指します。

1日に必要な適正エネルギー量の計算式

1日に必要なエネルギー量は、年齢や体格、身体活動量を考慮して算出します。肥満かどうか、その他の既往症がないかなど、それぞれのあわせ持つ要因も考え、適正エネルギー量が決められます。

STEP 1 あなたは太っている？ ＢＭＩで肥満度を計算

BMI［　　］＝ 自分の体重［　　kg］ ÷（身長［　　m］×身長［　　m］）

判定 ＢＭＩによる肥満の判定

18.5未満	18.5～25未満	25～30未満	30以上
やせている	普通	肥満	重度肥満

＊ＢＭＩ（ボディ・マス・インデックス）は体格指数をあらわすもの。

STEP 2 あなたの目標体重は？

身長［　　m］×身長［　　m］×22* ＝ 目標体重［　　kg］

＊統計上、ＢＭＩが22のときが病気になりにくく理想的な体重とされています。なお、BMIの目安は65歳未満が22、65歳以上が22～25です。75歳以上の人は、医師または管理栄養士に相談しましょう。

あなたに必要な適正エネルギー量は？

1日の活動に必要なエネルギー摂取量（カロリー）を知ることから始めましょう。中高年になって代謝が落ち、活動量が減ったのに、若いころと同じ食事量では食べすぎです。年齢を自覚し、注意しましょう。

上記のＳＴＥＰ1の判定が肥満の場合は、身体活動量の低いほうをかけた値が適正なエネルギー摂取量です。肥満だからといって、無理な減量はかえって糖尿病を悪化させる可能性があります。まず、体重の3～5％の減量を目標にしてエネルギー摂取量を調整します。

高齢者が食事量を減らすと、「フレイル（加齢により筋力や活動が低下した状態）」を招く可能性があります。フレイル予防の観点からもしっかりと食事をします。なかでも、不足しがちなたんぱく質の摂取を心がけましょう。

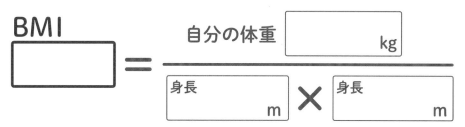

3 栄養バランスのよい食事をとる

必要な栄養とは？

バランスのよい食事をとるため、必要な栄養素の種類とその役割を覚えましょう。

エネルギーになる

炭水化物 Carbohydrate

糖質と食物繊維で構成されています。

●食物繊維

血糖値の急激な上昇やコレステロールの吸収を抑える栄養素です。きのこや海藻類、野菜に豊富に含まれ、体内で消化、吸収できない成分です。

●糖質

脳や体のエネルギーとなる栄養素です。ご飯やパン、めんなどの主食やいも類に含まれます。とりすぎると、血糖値を上げるので注意が必要です。

脂質 Fat

体のエネルギーとなり、細胞や神経組織などをつくる栄養素です。バターや油脂といったもののほか、肉や魚の脂質も含まれます。

たんぱく質 Protein

臓器や筋肉、ホルモンなどをつくる栄養素です。肉や魚、卵などの動物性たんぱく質、大豆製品などの植物性たんぱく質があります。バランスよくとりましょう。

五大栄養素をバランスよくとる

私たちが生きていくためには、さまざまな食べ物から栄養をとる必要があります。必要な栄養素は、エネルギーになる炭水化物、たんぱく質、脂質の三大栄養素と、体の調子をととのえるビタミンとミネラルの2つで、この5つを五大栄養素と呼びます。

糖尿病の食事療法では、食べすぎずに1日の適正なエネルギー摂取量を守るとともに、体に必要な栄養をバランスよくとることが大切です。

栄養が不足すると、体はどうなるのでしょうか？　たとえば、たんぱく質が不足して疲れやすくなる、ビタミンB_1が欠乏して脚気になる、鉄が足りずに貧血になる、というように体に不調が生じます。また、ある栄養素を過剰にとるのもよくありませ

理想のPFCバランス

PFCバランスとは、エネルギーになる三大栄養素のP（たんぱく質）、F（脂質）、C（炭水化物）を、どのような比率で摂取するとよいのかをあらわす指標です。糖尿病の人にとっての理想的なバランスが下記の円グラフです。なお、比率は重量ではなく、エネルギー量で考えます。食事内容を決める際に参考にしましょう。

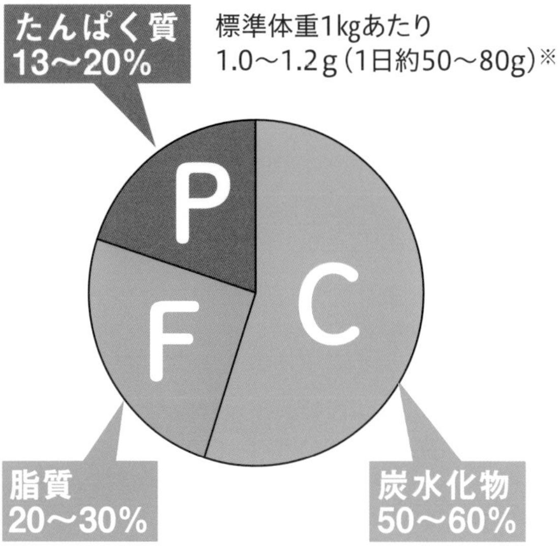

※腎症3期以降の方は、たんぱく質の摂取に制限が必要です。適正なたんぱく質摂取量は、医師に相談しましょう。

体の調子をととのえる

ビタミン Vitamin

体の調子をととのえる働きを持つ栄養素で、ビタミンA、B群、C、Eなどさまざまな種類があります。主に、野菜や果物に含まれています。

ミネラル Mineral

骨や歯をつくるほか、筋肉などの働きにもかかわる栄養素です。無機質とも呼ばれ、カルシウムや鉄、カリウムなどがあります。

ん。脂質をとりすぎて太る、カルシウムの過剰摂取で高血圧のリスクが高まる、などの弊害が生じます。

つまり、「栄養バランスのよい食事」とは、五大栄養素をまんべんなく過不足なくとることなのです。具体的にどのような食品を食べると、栄養バランスのよい食事になるのか、16〜17ページを参考にしてください。

PFCバランスを意識する

糖尿病の食事療法で「栄養バランスのよい食事」を考えるうえでカギとなるのが、PFCバランスです。これは、三大栄養素であるたんぱく質、脂質、炭水化物の比率の指標です。糖質をとりすぎると、食後の血糖値が上昇してしまうので、とりすぎないように注意が必要です。炭水化物50〜60%、たんぱく質13〜20%、脂質20〜30%が理想です。

ビタミンとミネラルは、不足しがちなので意識的にとりましょう。

の種類とめやす

「栄養バランスのよい食事」とは、どのような食品をどのくらい食べるとよいのか、具体的に見てみましょう。

	1600kcalの例	1800kcalの例
ご飯	150ｇ ×3食	170ｇ ×3食※
鮭	70～80g	80～90ｇ
豚もも肉	70～80g	80～90ｇ
木綿豆腐	1/3丁（100g）	1/3丁（100g）
卵	1個	1個
緑黄色野菜	120ｇ以上	120ｇ以上
淡色野菜	180～200ｇ	180～200ｇ
きのこ類	30～50ｇ	30～50ｇ
海藻類	5ｇ	5ｇ
果物	100～200ｇ［みかん小1個(80g) バナナ小1本(90g)］	100～200ｇ［みかん小1個(80g) バナナ小1本(90g)］
牛乳	コップ1杯(210g)	コップ1杯(210g)
チーズ	1切れ（20g）	1切れ（20g）
植物油	20g(大さじ1と2/3)	20g(大さじ1と2/3)
砂糖など	20g(大さじ2強)	20g(大さじ2強)

※ご飯を3食で食べきれない場合は、補食として分けて食べましょう。

何をどのくらい食べる？ １日にとりたい食品

ここでは、１日の適正エネルギー摂取量が
1400kcal、1600kcal、1800kcal の場合について、紹介します。
写真は 1600kcal の場合です。

1400kcalの例

			1400kcalの例	
主食	穀類		ご飯	130 g × 3食
主菜	肉や魚、大豆製品、卵		鮭	60〜70 g
			豚もも肉	60〜70 g
			木綿豆腐	1/3丁（100g）
			卵	1個
副菜	野菜やきのこ、海藻		緑黄色野菜	120 g 以上
			淡色野菜	180〜200 g
			きのこ類	30〜50 g
			海藻類	5 g
果物	果物		果物	100〜150 g［みかん小１個(80g) バナナ小1/2本(45g)］
乳製品	乳製品		牛乳	コップ1杯(210g)
			チーズ	1切れ（20g）
そのほか	油脂		植物油	15g（大さじ１と1/3）
	甘味料		砂糖など	15g（大さじ１と2/3）

1食の主食のめやす（1600kcalの例）

食パン 60g
（6枚切り1枚）

ご飯 150g
（小さめの茶碗1杯）

ゆでそば 160g（1袋）

シリアル 60g

パスタ（乾）60g

パスタはゆでると150g。

ゆでうどん 200g（1袋）

糖質をとりすぎない！

糖尿病になる人は、ご飯やめん、パンなどの主食を食べすぎている傾向があります。主食は糖質が主成分なので、とりすぎると、糖質はもとよりエネルギー量も過剰になります。糖質をとると、血糖値を上昇させるので、とりすぎは禁物です。とはいえ、主食を食べないと、満足感が得られず、たんぱく質や脂質のとりすぎが生じがちです。とりすぎも不足もよくありません。適正な量を1日3食に分けて摂取しましょう。

主食を最初に食べると急激に血糖値が上昇するので、野菜↓肉・魚など↓主食の順番で食べましょう。

糖質制限の方法がよく話題になりますが、極端に糖質をとらないことも体によくありません。

主食の食べ方のポイント3

Point 1 精製度の低いものを選ぶ

ご飯やパンは、精製度の低いものを選びましょう。精製度が低いと食物繊維が多く含まれており、糖の吸収速度が遅いため、血糖値がゆるやかに上昇します。精製した真っ白なものではなく、玄米や雑穀入りご飯、ライ麦パンや全粒粉入りのパンなど、茶色いものを食べましょう。

・ご飯

色がまざったご飯を食べて！

ご飯(精白米)　ご飯(玄米)　ご飯(雑穀入り)

・パン

パンは白より茶色がいい！

食パン　フランスパン　ライ麦パン

・めん

色の濃いめんを選んで！

うどん　中華めん　日本そば

Point 2 主食は最初に食べない

食事の際は、ご飯やめん、パンなどの主食から食べるのは、やめましょう。糖質、たんぱく質、脂質は、血糖値の上昇スピードが異なります。糖質は食後急激に血糖値が上がるので、食べる順番はベジファーストに。食事は野菜から始め、次に肉・魚、最後に主食を食べましょう。

Point 3 上手にカサ増しする

ご飯やめんの食べすぎを防ぐには、玄米やもち米、きのこ、カリフラワーなどをまぜるカサ増しがおすすめです。主食の量を減らしても、満足感が得られます。食物繊維やビタミン、ミネラルも摂取でき、一石二鳥です。

➡実践法は82ページ

糖質の多い食品に注意する

糖質が多い食品は穀類ですが、いも類や野菜にも糖質を多く含む食品があるので、覚えておきましょう。これらを食べるときは、主食の量を減らすなど調整しましょう。

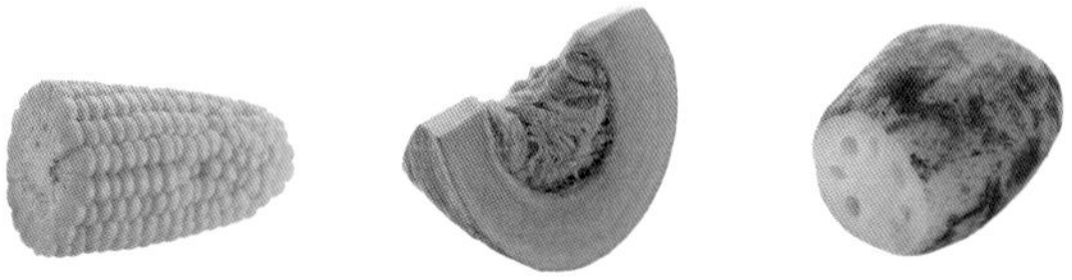

とうもろこし　かぼちゃ　れんこん

いも類

果物

5 血糖値を上げない食べ方

太りやすい食べ方をチェック！

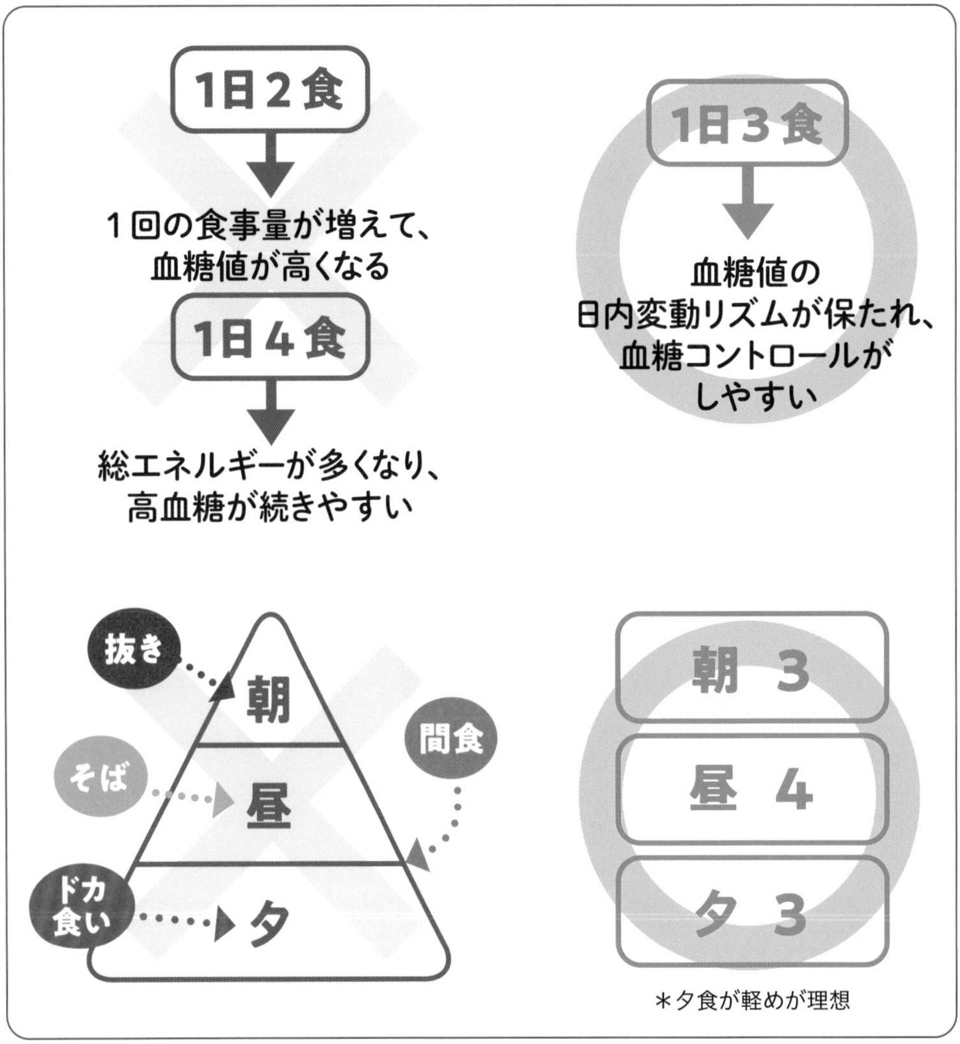

1日3食 規則正しく食べる

血糖コントロールでは、食べ方も重要です。血糖値は食事をすると上がり、食後1時間後から下がり始め、2～3時間後には元にもどるのが正常です。つまり、食事を抜いたり、一度にまとめて食べたり、食事をとる時間が不規則だったりすると、食後に血糖値が急激に上昇するので、膵臓に負担がかかり、インスリンが正常に働かなくなります。

朝食・昼食・夕食と1日3回に分けて食べましょう。夕食は量が多くなりがちですが、夜は活動量が減るので、朝食3、昼食4、夕食3の割合を心がけてください。食事後にすぐ寝ると、就寝中に血糖値が高い状態になってしまうので、寝る時間の3時間以上前に食べましょう。

血糖値を上げない食べ方のポイント4

Point 1 15分以上かけてゆっくり食べる

食べ物を食べ、血糖値が上昇すると満腹感を感じます。血糖値の上昇は食べ始めてから15分ほどかかります。あまりかまずに早食いすると、満腹中枢の指令が出る前に食べすぎるので、早食いは禁物。食事は15分以上かけて、よくかんで食べましょう。

Point 2 野菜から食べる

食物繊維には、血糖値の上昇を抑える働きがあります。食物繊維を多く含む野菜やきのこから食べましょう（いわゆるベジファースト）。食物繊維が豊富な食材は、よくかまないと飲み込めないので、自然とゆっくり食べることになる利点もあります。

Point 3 大皿盛りは避けて

ひとつの料理を大皿に盛り、そこから箸をつけると、食べすぎにつながります。また、食べた量が把握しづらいので、基本的に１人分ずつ皿に盛りましょう。大皿盛りの料理は、はじめに均等に分けて、１人分を明確にして食べすぎを防ぎます。

Point 4 食器は小さめを選ぶ

いつも使っている食器の大きさを確認してみましょう。よく食べている人は、大きな食器を使っている傾向があります。食器が大きいと、料理を盛りすぎてしまいます。食べてよい適正な量に合った大きさの食器を用意しましょう。

食物繊維をしっかりとる

食物繊維には、血糖値の急激な上昇を抑える働きがあるので、積極的にとりましょう。体内で消化、吸収できない成分で、水溶性と不溶性があります。

水溶性食物繊維は、海藻やオクラ、里いも、りんごなどに多く含まれ、血糖値上昇をゆるやかにする働きがあります。不溶性食物繊維は、きのこ、ごぼうなどの野菜に含まれます。よくかまないと飲み込めないので、ゆっくり食べることにつながります。満腹感が得られるので、食べすぎを防ぐこともできます。

ご飯やパンなどの主食でも、食物繊維を多く含む玄米や胚芽米、ライ麦パンなどを選び、食物繊維を意識してとりましょう。

毎食、食物繊維が多い食材を必ずとり入れ、食事の始めに食べて、血糖値の上昇をゆるやかにしましょう。

6 糖尿病にやさしい献立の立て方

献立の基本は「主食＋主菜＋副菜」

主食
ご飯、めん、パンなど

＋

主菜
肉や魚介、卵、大豆製品など

＋

副菜
野菜やきのこ、海藻など

主に エネルギー源 となる
食物繊維が豊富な玄米、雑穀入りご飯、ライ麦パンを選ぶ。

主に たんぱく質源 となる
肉に偏りがちなので、魚介、大豆製品もバランスよくとる。

主に ビタミン、ミネラル、食物繊維源 となる
主食、主菜に不足している栄養素を補うため、しっかりとる。

もう１品 ＋
１日の適正な摂取エネルギー量をオーバーしなければ、汁物や副菜をもう１品プラスする。

汁物 or **副菜** or **間食 デザート**

汁物：食塩量が多くなりがちなので、１日１回にして、食塩量に注意する。

副菜：できるだけ、上記の副菜とは異なる食材を食べる。

間食 デザート：糖質量が低いものを選ぶ。脂質が多いものが多いので、エネルギー量も注意。

主食を中心に、1日の献立を考える

糖尿病の食事療法の基本は、主食＋主菜＋副菜の定食スタイル。汁物を加えて一汁二菜にしてもよいでしょう。このような献立にすると、自然と栄養バランスがととのいます。

主食はご飯やめん類、パンなどの炭水化物（糖質）、主菜は肉や魚介類などたんぱく質がとれるおかず、副菜は野菜やきのこ、海藻などを使ったおかずです。

1日の献立を考えるときは、まず主食を決めましょう。適正なエネルギー摂取量から主食3食分を引いて、残ったエネルギー量を主菜と副菜（または汁物）で考えると、組み立てやすいです。

1食ごとにバランスのよい食事をとるのが理想ですが、むずかしいこ

食事記録の例

Point 大切なのは、食事内容を書きとめる習慣を身につけること。がんばりすぎると続かないので、無理のない範囲で書きとめましょう。

20××年×月×日（×）　体重58.6kg　体調（◎　○　△　×）

	主食	主菜	副菜・汁物	嗜好品	外食・市販品
朝食 7時30分	ジャムトースト	ハムエッグ（ハム1枚、卵2個）	ミニトマト3個 オレンジ1/2個 ヨーグルト1パック		
昼食 12時30分	焼きそば（中華めん）	焼きそば（豚肉）	焼きそば（キャベツ、もやし、にんじん） わかめスープ1杯		焼きそば わかめスープ
間食 15時30分				牛乳コップ1杯 バナナ1/2本 クッキー3枚	
夕食 19時	ご飯150g	えびフライ2本	ほうれんそうと油揚げのみそ汁 さつまいもの甘煮 えびフライの添え物（レタス）		

料理名や食材、分量をメモします。分量はわかる範囲で書けばOK！

外食、中食もわかる範囲で内容を記入しましょう。

間食も時間と内容を記載しましょう。

ともあるでしょう。朝食で糖質が多くなったら、夕食は糖質を控えるというように、前後の食事で調整し、無理なく続けましょう。

適切な食事ができているか食事記録をつける

食事療法を続けるうえでぜひやってほしいのが食事記録です。食事内容や体重を記録することは、食べすぎを防ぐ第一歩になります。

食事記録が習慣化すると、食事量を意識するようになるほか、適した食事がとれているかを確認できるようになります。

体重は毎日同じ時間に計測します。体重の増減は1日単位ではなく、1週間の平均値で考えるとよいでしょう。

ノートなどに記入するのはもちろん、口に入れるものをすべて写真に撮るのもおすすめです。

自分に合った方法で、継続して記録しましょう。

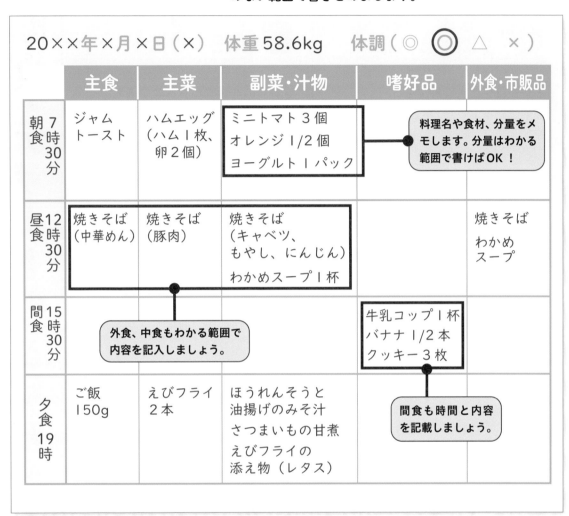

7 間食・デザートのとり方

間食のとり方のポイント4

Point 1 夕食後ではなく、昼間に食べる

おやつは夕食後に食べると、夜間の血糖値が上昇し、早朝の高血糖を招きます。食べるなら、エネルギーを消費しやすい午前中や昼間、運動前に。空腹状態で食べると糖質をとり込みやすく、血糖値が急上昇するので、避けましょう。

Point 2 甘味中毒に気をつけて！

甘いものを頻繁に食べていると、味覚が常に甘味を欲するようになるので、甘いものを毎日食べるのは禁物です。また食べ始めると、つい食べすぎてしまいがち。大袋ではなく、個包装のタイプを選びましょう。

Point 3 菓子をストックしない

買い物の仕方は大切です。菓子は買いおきせずに、どうしても食べたいときに、1回分を買うようにしましょう。また、好きなものを目につくところに置くと、つい食べてしまうので、目の届かない場所にしまいましょう。

Point 4 自分で作る or 低糖質の市販品を選ぶ

自分で作って糖質量をダウンさせても。また、最近よく見かける低糖質の市販菓子を選んだり、ナッツ類、チーズをおやつにしたりしても。市販品には「栄養成分表示」があるので、必ず確認を。

➡実践法は96 ～ 99ページ

間食ではなく食後のデザートとして

糖尿病になったら、菓子を食べるのを極力控えましょう。どうしても食べたいときは、1日の適正なエネルギー摂取量内になるように、工夫が必要です。

糖質は、血糖値を急上昇させるだけではありません。3食の食事以外に糖質が多い菓子を食べると、血糖値が下がる時間がなくなり、インスリンをつくる膵臓への負担が増えます。空腹時に甘いものを食べるのも血糖値が急上昇する要因なので、食事の一部として間をあけずに食べるほうが、急激な上昇は抑えられます。つまり、「3時のおやつ」より、「食後のデザート」のほうが血糖値への影響を少なくできます。

アルコールの飲み方のポイント2

8 アルコールのとり方

Point 1 飲むなら蒸留酒を選んで！

アルコールは蒸留酒と醸造酒の２種類に分けられ、蒸留酒のほうが低糖質なので、飲むときは比較的有利です。ただし、甘いカクテルは、ベースが蒸留酒でも、糖質が多いので、注意しましょう。低糖質な蒸留酒でも飲みすぎは禁物です。

●蒸留酒●

焼酎　泡盛　ブランデー　ウイスキー

●醸造酒●

ビール　日本酒　白ワイン　紹興酒

Point 2 おつまみに注意して

アルコールを飲むと、つい食べてしまいがちです。しかも、おつまみは一般的に高カロリーで味が濃いものが多いので、深酒になる可能性が高まります。おつまみを食べるときは、エネルギー量や味つけに注意しましょう。

●１回に飲むめやす量●

＊酒の種類によって異なります。

焼酎	0.5合（90mℓ）
缶チューハイ	1缶（350mℓ）
ウイスキー	シングル2杯（60mℓ） ※ダブル1杯に相当
ビール	中びん1本弱（400mℓ） ※ロング缶1本弱
日本酒	1合弱（140mℓ）
ワイン	グラス2杯（200mℓ）

節度のある飲酒ならＯＫ！

アルコールは高エネルギーなので、飲酒をすると1日の適正な摂取エネルギー量をオーバーしがちです。しかも、飲酒をすると、食べすぎてしまう傾向にあるので、血糖値の急激な上昇を招きます。深酒は肝臓に負担がかかるので、低血糖になることも。多くの場合、飲酒すると、気がゆるんで血糖コントロールの妨げとなるので、アルコール摂取には要注意です。

飲酒は、連日でなければたしなむ程度はかまいません。飲む場合は、低糖質な蒸留酒が有利です。飲む回数や量など、主治医と相談して決めましょう。酔うと気持ちがゆるみ、暴飲暴食しがちな人は、断酒がおすすめです。

外食のとり方のポイント4

Point 1 単品を食べるのはNG！

外食では、丼物やめん類などの単品のメニューが豊富。さらに、丼物＋そばなどのセットはカロリーオーバーなうえ、栄養バランスもととのいません。主食、主菜、副菜がそろう定食スタイルを選びましょう。

Point 2 野菜のとれるメニューを選ぶ

外食で心配なのが、野菜不足です。副菜を追加しましょう。それでも野菜が足りない場合は、主食や主菜にも野菜を使ったものを選びます。サラダバーがあるお店を選ぶのもよいでしょう。

Point 3 メニューやHPなどの表示をチェック！

外食では、栄養価のうちエネルギー量などの数値をメニューやＨＰなどで表示していることもあります。確認してメニューを選びましょう。単独の店舗よりも、チェーン店のほうが栄養価を公開しています。

Point 4 食塩のとりすぎに注意

外食は食塩量が多くなりがちです。汁物の塩分が多いと感じたら、残しましょう。めん類の汁も飲み干さないこと。食塩量の多い漬け物も残しましょう。ドレッシングや調味料はできるだけ、自分でかけて調節しましょう。

外食では定食を選ぶ

外食で重要なのは、お店選びです。丼物やめん類が中心だと、たんぱく質源となる肉や魚介なども、野菜も不足しがちです。主食、主菜、副菜がそろう定食店や、いろいろなメニューがあるファミリーレストランを選ぶとよいでしょう。居酒屋は刺し身、焼き魚、焼き鳥といったたんぱく質のおかずや、サラダやおひたしなどの副菜も充実しているので、選び方しだいです。

一般的に外食は、味つけが濃く、脂質や食塩量が多い傾向にあるので、注意を。ご飯の量も多めなので、あらかじめ少なく注文します。あるなら食物繊維が豊富な玄米や雑穀入りのご飯を選びます。外食して食べすぎたら、翌日はリセットを。

市販品の組み合わせ方

例1 おにぎりの場合

おにぎり

＋

さば
水煮缶

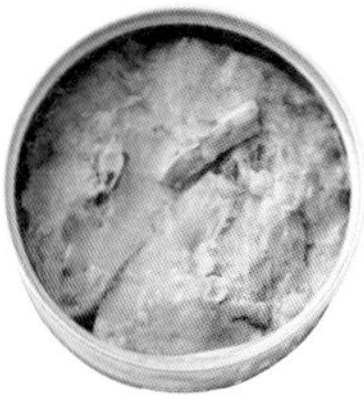

＋

青菜の
ごまあえ

おにぎりだけを選ぶのはNG！　おにぎりのほかに、たんぱく質がとれるさば缶や焼き鮭などの主菜、食物繊維がとれる野菜やきのこの副菜も選びます。カップや顆粒のみそ汁などを加えても。

例2 サンドイッチの場合

照り焼き
チキンと卵の
サンドイッチ

＋

コールスローサラダ

肉や魚介、卵などのたんぱく質がとれるサンドイッチを選んだ場合は、サラダなどの副菜を足せばＯＫ！　サンドイッチにたんぱく質が少ないときは、サラダチキンなどを足します。

市販総菜は数品を組み合わせて

毎日自炊がむずかしい、そんなときはスーパーやコンビニで市販品を購入してもかまいません。市販品には栄養成分表示（28ページ参照）が必ずあるので、エネルギー量などを把握しやすいのが利点です。

食事内容の注意点は、いつもと同じです。主食、主菜、副菜をそろえて、栄養バランスをととのえます。一見すると、お弁当はバランスよく見えますが、「ご飯が多い」「たんぱく質源の肉や魚介のおかずが少ない」「野菜が少ない」「エネルギー量が多い」といった傾向があるので、単品を組み合わせるほうがよいでしょう。

菓子パンを選ぶ人がいますが、糖質が多いので避けたほうがよいでしょう。売り場には、菓子やアイス、ジュースなども並び、誘惑が多いもの。目的の商品を選ぶようにします。

栄養成分表示の読みとり方

糖尿病の食事療法では、外食や市販品も上手に活用したいもの。市販品を賢く選ぶために大切なのは、食品の栄養成分表示を読みとること。
外食でも、エネルギー量や食塩量などは表示していることが多く、コンビニやスーパーのお総菜などの市販品もほとんどが表示されています。市販品を購入するときは、必ず栄養成分表示のラベルを確認する習慣をつけましょう

栄養成分の義務表示

義務づけられている栄養成分は、①熱量（エネルギー）、②たんぱく質、③脂質、④炭水化物、⑤ナトリウム（食塩相当量に換算して表示する）の5項目です。

栄養成分表示

食品単位あたり	
熱量（エネルギー）	○ kcal
たんぱく質	△ g
脂質	□ g
—飽和脂肪酸	○ g
—n-3 系脂肪酸	△ g
コレステロール	□ mg
炭水化物	○ g
—糖質	△ g
—糖類	△ g
—食物繊維	○ g
食塩相当量	△ g
熱量、たんぱく質、脂質、飽和脂肪酸、n-3 系脂肪酸、コレステロール、炭水化物、糖質、食物繊維及びナトリウム以外の栄養成分	△ mg

栄養成分の推奨表示

脂質のうち「飽和脂肪酸」と、炭水化物のうち「食物繊維」の2項目は、表示が推奨されています。

炭水化物から糖質を読みとる方法

炭水化物から食物繊維を引いたものが糖質です。ほとんどの食品に炭水化物が表示されていますが、食物繊維は記載されていないことも多いので、その場合は、糖質量＝炭水化物量と考えてもさほど差はありません。

食塩相当量について

以前は「ナトリウム」の表示でしたが、ナトリウム値に換算係数をかけて食塩相当量を求める必要があったため、消費者が活用しやすいように、食塩相当量での表示に変更されました。ただ、まだナトリウム表示も多く見られます。**ナトリウムを塩分量に置き換える計算式**は次のとおりです。

食塩相当量（g）＝ ナトリウム値（mg）× 2.54（塩分換算係数）÷ 1000

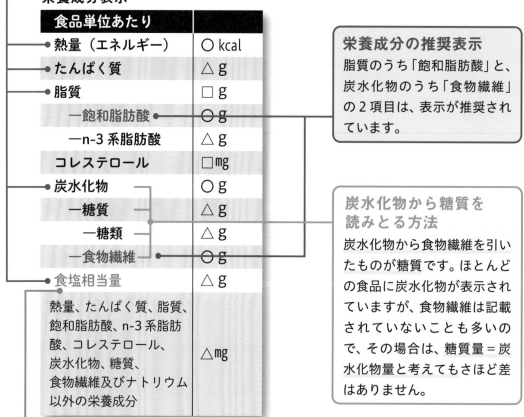

2章

低糖質の主菜

肉や魚介、大豆製品、卵といったたんぱく質がとれる主菜を43品紹介します。エネルギー量や糖質量をとりすぎないようにボリュームアップ法や、飽きのこない調理法などを工夫しています。家族といっしょの食事作りに役立ちますので、ぜひ活用してください。

栄養データ

エネルギー、糖質、たんぱく質、食塩相当量を表示。いずれも断りがない場合は、1人分（1食分）のめやすです。

材料の分量

2人分が基本です。1人分を作る場合は半量をめやすに減らします。

糖質オフのPoint

糖質量を減らすポイントを紹介。必要に応じて、食物繊維量を増やす場合やカロリーダウンのポイントも紹介していますので、調理の際の参考にしてください。

定番のおかず
BEST 5

鶏のから揚げ

小麦粉をすりおろした高野豆腐にかえることで糖質が11.5gダウン！

BEST 1 鶏のから揚げ

衣を小麦粉→高野豆腐にかえると、香ばしく仕上がり、満足度がアップ！

材料（2人分）

鶏もも肉……150 g
高野豆腐……1個（16g）
A
- おろしにんにく……少々
- しょうゆ……大さじ1/2
- しょうが汁……小さじ1
- 酒……小さじ1

揚げ油……適量
サラダ菜……2～4枚

作り方

❶ 鶏肉は大きめのそぎ切りにする。ボウルやポリ袋にAをまぜ合わせ、鶏肉を入れてからめ、10分以上つける。

❷ 高野豆腐をすりおろし、バットに広げる。❶の汁けをきって高野豆腐をまぶす。

❸ 揚げ油を170度に熱し、❷を入れてきつね色に揚げる。器に盛り、サラダ菜を添える。

（牧野）

糖質オフのPoint

衣を小麦粉→高野豆腐にチェンジ！

から揚げの衣は小麦粉を使うものですが、小麦粉は糖質が多いので、低糖質な高野豆腐をすりおろして使います。高野豆腐のかわりにおからパウダーでも◎。

しっかりまぶして！

鶏肉に高野豆腐のすりおろしをまんべんなくまぶします。香ばしく仕上がります。

ほかの料理への応用

鮭やぶり、かじきなど魚介の竜田揚げでも、この技は活用できます。お好み焼きも小麦粉のかわりに高野豆腐のすりおろしを使うと糖質量を減らせます。

215kcal

糖質	1.0g
たんぱく質	17.1g
食塩相当量	0.9g

おすすめの献立

トマトと青じそのサラダ
（P64）

＋

ひじきの煮物
（P60）

＋

えのきご飯150g
（P82）

肉ダネにまぜるパン粉のかわりに
おからパウダーをまぜて糖質オフ！

BEST 2
ハンバーグ

パン粉をおからパウダーにかえて糖質オフ！
おろしポン酢でさっぱり＆カロリーダウン！

材料（2人分）

合いびき肉……150g
玉ねぎ（みじん切り）……1/4個分
A おからパウダー……30g
　牛乳……大さじ2
　塩、こしょう……各少々
植物油……小さじ2
大根（すりおろす）……150g
ポン酢しょうゆ……大さじ1と1/3
小ねぎ（小口切り）……小さじ1

作り方

❶ 玉ねぎは耐熱ボウルに入れ、ラップをせずに電子レンジで1分加熱する。あら熱をとる。

❷ 別のボウルにひき肉を入れ、❶、Aを加えてよくまぜ合わせ、2等分にして小判形に丸める。

❸ フライパンに油を熱し、❷を入れて中火で焼く。厚みの半分以上の色が変わったら返し、蓋をして弱火で蒸し焼きにする。蓋をとって水分をとばす。

❹ 器に盛り、大根おろしをのせ、ポン酢しょうゆをかけ、小ねぎを散らす。（牧野）

糖質オフのPoint

つなぎのパン粉を
おからパウダーにチェンジ！

パン粉ではなくおからパウダーを使います。肉ダネはパン粉のようにはつながりませんが、肉本来のうまみが楽しめます。

おろしポン酢でさっぱりと！

トマトケチャップやデミグラスソースではなく、おろしポン酢で食べると、糖質オフにもなるうえ、カロリーダウンにも役立ちます。

300kcal

糖質	7.3g
たんぱく質	15.4g
食塩相当量	1.3g

おすすめの献立

にんじんの塩こんぶあえ
(P94)

＋

あさりのすまし汁
(P70)

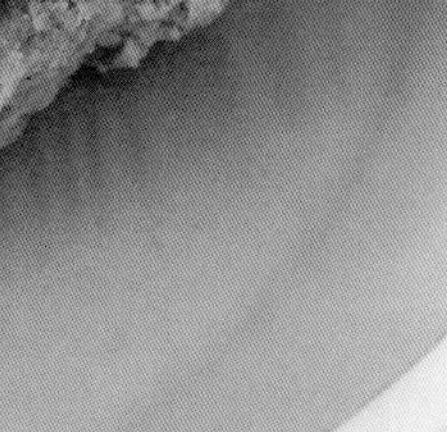

＋

ご飯150g

パン粉はあらいものではなく、こまかいものを選んで糖質オフ！

BEST 3 とんカツ

こまかいタイプのパン粉をまぶすと、糖質オフになるだけでなく、カロリーダウンにも！

材料（2人分）

豚ひれ肉……150g
塩、こしょう……各少々
A［小麦粉、水……各大さじ1
パン粉（こまかいタイプ）……大さじ3
揚げ油……適量
ベビーリーフ……適量

作り方

❶ 豚肉は1㎝厚さに切って、ラップでおおい、すりこ木でたたいて広げる。塩、こしょうを振る。

❷ Aをまぜ合わせ、❶をくぐらせ、パン粉をまぶす。

❸ 揚げ油を170度に熱し、❷を入れてきつね色に揚げる。器に盛り、ベビーリーフを添える。（牧野）

糖質オフのPoint

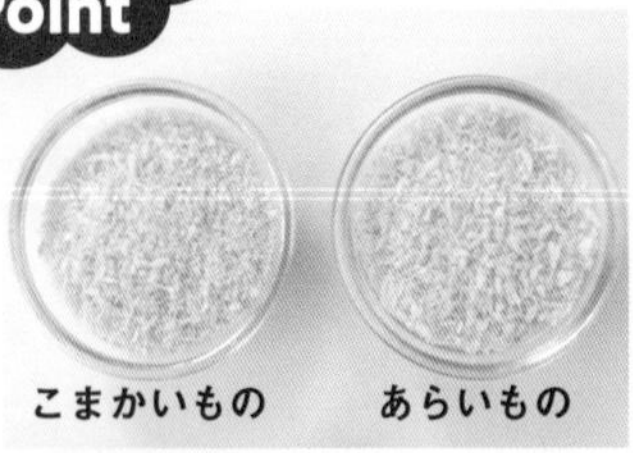

パン粉はこまかいタイプを選んで！

パン粉はあらいものではなく、こまかいタイプにすると、パン粉の量を減らすことができるので糖質オフにつながります。

カロリーダウンのPoint

しっかりまぶして！

パン粉はこまかいタイプのほうが吸油率を下げられるので、あらいタイプよりもカロリーダウンができ、ヘルシーです。

ほかの料理への応用

パン粉をまぶす揚げ物全般で活用できます。ほかにも、おからパウダーをいって、パン粉のかわりに衣にすることもできます。

196kcal

糖質	6.2g
たんぱく質	14.9g
食塩相当量	0.4g

おすすめの献立

えのきの梅おかかあえ （P59）

＋

厚揚げと小松菜の煮びたし （P58）

＋

切り干し大根ご飯150g （P82）

砂糖やみりんを使わずに、玉ねぎで甘みを出して糖質オフ！

268kcal
糖質 5.5g
たんぱく質 14.0g
食塩相当量 1.2g

BEST 4 豚肉のしょうが焼き

玉ねぎの甘さを生かし、甘味料を使わずに糖質オフ！
玉ねぎ、キャベツで食物繊維もとれる

材料（2人分）

- 豚ロース肉（しょうが焼き用）……150g
- 玉ねぎ（薄切り）……1/2個分
- 塩、こしょう……各少々
- 植物油……大さじ1
- A
  - だし……大さじ4
  - 酒……小さじ2
  - しょうゆ……小さじ2
- キャベツ（せん切り）……小1枚分（70g）

糖質オフのPoint 玉ねぎで甘みを出して糖質オフ！

玉ねぎは電子レンジで加熱して甘みを引き出すので、砂糖やみりんなどの甘味料を使わなくてもおいしい。

作り方

❶ 豚肉は塩、こしょうを振る。玉ねぎは耐熱皿に入れ、ラップをかけて電子レンジで2分加熱する。

❷ フライパンに油を中火で熱し、豚肉を入れて両面を香ばしく焼いてとり出す。

❸ ❷のフライパンに玉ねぎ、Aを入れて煮立たせる。豚肉を戻し入れてからめる。

❹ 器にキャベツを敷いて、豚肉を汁ごとのせる。（牧野）

おすすめの献立

こんにゃくのおかか煮（P61）＋まいたけのお吸い物（P70）＋ご飯150g

ほかの料理への応用

牛すき煮や煮魚でも、玉ねぎを使えば、甘味料なしで作ることができます。

定番のおかず BEST 5

麻婆豆腐

ひき肉のかわりに蒸し大豆を使って食物繊維をアップ！

296kcal

糖質	8.7g
たんぱく質	19.4g
食塩相当量	2.1g

BEST 5 麻婆豆腐

大豆水煮ではなく蒸し大豆を使うことで、食感よく仕上がる！

材料（2人分）

木綿豆腐……300g
蒸し大豆……100g
ねぎ（みじん切り）……1/2本分
しょうが（みじん切り）…小1かけ分
植物油……大さじ1
A
　水……3/4カップ
　みそ、酒……各大さじ1
　砂糖……小さじ1
　鶏ガラスープのもと……小さじ1/2
豆板醤……小さじ1/2
かたくり粉（同量の水でとく）……小さじ1
粉山椒……少々

作り方

1. 豆腐は1.5㎝角に切って、沸騰した湯でゆでてざるに上げる。大豆は包丁で刻む。Aは合わせておく。
2. フライパンに油、ねぎ、しょうがを入れて中火でいためる。香りが出たら豆板醤を加えてなじむようにいためる。
3. 大豆を加えてまぜながらいため、Aを加える。煮立ったら豆腐を加え、2分ほど煮る。水ときかたくり粉を加えてとろみがついたら、器に盛り、粉山椒を振る。（牧野）

おすすめの献立

白菜の中華風甘酢漬け（P66）

＋

わかめとねぎのスープ（P70）

＋

ご飯150g

食物繊維摂取のPoint

ひき肉のかわりに刻んだ蒸し大豆を使うことで、食物繊維量がアップ！　ひき肉を使わなくても、大豆の食感で満腹感も得られます。

鶏肉はトースターで焼くことで脂肪がほどよく抜ける！

鶏肉の照り焼き梅風味

材料（2人分）

鶏もも肉（皮つき）……160g
ピーマン（縦半分に切る）
……………………小2個分
生しいたけ……………4個
梅干し………2/3個（16g）

A
- 酒………………小さじ1
- しょうゆ……………小さじ2/3
- みりん……小さじ2/3

作り方

❶ 鶏肉は余分な脂肪をとり除き、厚みのあるところは切り目を入れて薄く開く。しいたけは石づきをとり除く。

❷ 梅干しは種をとって果肉をこまかくたたき、Aを加えてよくまぜる。

❸ オーブントースターのトレーにアルミホイルを敷き、植物油（分量外）を薄く塗り、❶、ピーマンを並べる。鶏肉には❷をかけ、それぞれ香ばしく焼く。食べやすく切り、器に盛り合わせる。（貴堂）

エネルギー	170kcal	糖質	2.6g
たんぱく質	14.6g	食塩相当量	1.4g

胸肉は加熱後にラップをとらずに蒸し汁ごとおくと、やわらかくジューシーに

蒸し鶏中華だれ

材料（2人分）

鶏胸肉（皮つき）……140g
ねぎ……………………10cm
しょうが（薄切り）…5〜6枚
塩………………小さじ1/6
酒…………………小さじ1

A
- ごま油………小さじ2
- しょうゆ…小さじ1
- 酢、豆板醤…各少々

サラダ菜（ちぎる）
……………………5〜6枚分

作り方

❶ 鶏肉は余分な脂をとり除き、塩をすり込み、酒を振って下味をつける。Aは合わせておく。

❷ ❶の皮目にフォークで穴を数カ所あけ、耐熱皿にのせ、ラップをふんわりとかけて電子レンジで6分加熱する。そのまま5分おいて味をなじませる。

❸ ねぎはごく細いせん切りにし、しょうがはせん切りにする。それぞれ水にさらし、水けをきる。

❹ ❷を一口大のそぎ切りにする。器にサラダ菜を敷き、鶏肉を盛り、❸を散らし、Aのたれをかける。（貴堂）

エネルギー	136kcal	糖質	1.0g
たんぱく質	15.4g	食塩相当量	1.1g

ごぼうはれんこん100gか、玉ねぎ100gにかえてもおいしい！

鶏手羽のあっさりポトフ

エネルギー	131kcal	糖質	8.7g
たんぱく質	10.1g	食塩相当量	1.4g

材料（2人分）

鶏手羽元……140g
干ししいたけ……4個
大根、にんじん（大きめに切る）……各100g
ごぼう（長さを半分に切る）……60g
A
- 水＋しいたけのもどし汁……4カップ
- こんぶ……6cm

塩……小さじ2/5
こしょう……少々

作り方

❶ しいたけは水でもどし、軸を切る。

❷ 鍋にA、鶏肉、❶、大根、にんじん、ごぼうを入れて強火にかけ、煮立ったらアクをとり除き、火を弱めて25〜30分煮る。

❸ 野菜がやわらかく煮えたら、塩、こしょうで味をととのえる。（伊藤）

パサつきがちなささ身も、酒とオリーブ油を振ってレンジでしっとり

鶏ささ身のレモンソース

エネルギー	121kcal	糖質	2.9g
たんぱく質	23.3g	食塩相当量	0.7g

材料（2人分）

鶏ささ身……180g
えのきたけ……60g
生しいたけ……大2個
こんぶ……6cm
A
- レモン汁、酒……各小さじ2強
- オリーブ油、しょうゆ……各小さじ2/3
- 塩、こしょう、レモンの皮（細切り）……各少々

パセリ（みじん切り）……小さじ4

作り方

❶ ささ身は一口大のそぎ切りにし、えのきは根を落とす。しいたけは石づきをとり除き、そぎ切りにする。

❷ 耐熱皿にこんぶを敷き、ささ身、きのこを交互に並べ、Aを振る。ラップをかけ、電子レンジで6分ほど加熱する。パセリを散らす。（伊藤）

豚肉で野菜をたっぷり巻いてボリュームアップ

豚肉の彩り野菜巻き

材料（2人分）

豚もも薄切り肉……6枚（120g）
グリーンアスパラガス……6本
パプリカ（赤・細切り）……40g
塩、こしょう……各少々
植物油……小さじ2/3
A
- 酒……小さじ2
- みりん……小さじ1
- みそ……小さじ1と1/3

作り方

❶ アスパラはかたい根元の皮をむいて長さを半分に切る。耐熱皿にアスパラ、パプリカをのせ、ラップをかけて電子レンジで2分ほど加熱する。

❷ 豚肉は1枚ずつ広げて、塩、こしょうを振り、等分にした❶をのせて巻く。

❸ フライパンに油を熱し、❷の巻き終わりを下にして並べ、転がしながら中火でこんがりと焼く。Aを合わせて回し入れ、手早くからめて照りよく仕上げる。食べやすく切って、器に盛る。（伊藤）

エネルギー	141kcal	糖質	4.4g
たんぱく質	14.2g	食塩相当量	0.9g

蒸すことで、豚肉の脂がほどよく抜けておいしい！

豚肉と白菜の重ね蒸し

エネルギー	182kcal	糖質	5.3g
たんぱく質	13.6g	食塩相当量	1.8g

材料（2人分）

豚ロース薄切り肉……120g
白菜……4枚（400g）
ねぎ……9～10cm
酒……小さじ2
A
- 水……1/2カップ
- 鶏ガラスープのもと……4g
黒こしょう……少々
ゆずこしょう（好みで）……適宜

作り方

❶ 豚肉は3等分に切る。白菜は1枚を横3等分に切り、ねぎは斜め薄切りにする。

❷ 厚手の鍋に白菜の1/3量を敷き、上に豚肉の1/2量を広げてのせる。同じように白菜、豚肉、白菜の順に交互に重ね、五層にする。最後にねぎをのせ、酒とAのスープを加えて蓋をし、中火で15～16分蒸し煮にする。

❸ 水けが出て白菜がやわらかくなったら、黒こしょうで味をととのえる。食べやすく切って器に盛り、ゆずこしょうを添える。（貴堂）

だし＋豆乳で具のうまみをじっくりと引き出す

豆乳キムチ鍋

エネルギー	181kcal	糖質	6.8g
たんぱく質	18.8g	食塩相当量	2.0g

材料（2人分）

豚もも薄切り肉……120g
しらたき……100g
白菜……50g
水菜（長さを半分に切る）……40g
にら（4cm長さに切る）……40g
しめじ……40g
ねぎ（斜め切り）……30g
白菜キムチ……60g
A
- だし……1と1/2カップ
- 豆乳……160mℓ
- しょうゆ……小さじ2

作り方

❶ 豚肉は食べやすい長さに切る。白菜は軸と葉に分け、軸は縦1cm幅に切り、葉はざく切りにする。しめじは石づきをとってほぐす。

❷ しらたきはさっとゆでてアクを抜き、食べやすい長さに切る。

❸ 鍋にAと白菜キムチを入れて火にかけ、煮立ったら火を弱め、❶、❷、水菜、にら、ねぎを加えて火の通ったものから食べる。（貴堂）

POINT 火が強いと豆乳が分離するので、煮えてきたら火を弱めて煮立たせないこと。

エネルギー	100kcal	糖質	2.5g
たんぱく質	14.2g	食塩相当量	0.7g

野菜も豚肉のゆで汁を使うことで、
肉のうまみが入った下味がついて◎！

ゆで豚にらともやし添え

材料（2人分）

豚もも肉（しゃぶしゃぶ用）……120g
にら（3cm長さに切る）……2/3束分
もやし（ひげ根をとる）……100g
A
- しょうゆ……大さじ1/2
- 酒……大さじ1/2

B
- しょうが（みじん切り）……1かけ分
- ねぎ（みじん切り）……大さじ2

七味とうがらし（好みで）……適宜

作り方

❶ 鍋にふつふつする程度（沸騰する手前）の湯を沸かし、豚肉を1枚ずつ広げてさっとくぐらせ、色が変わったら冷水にとり、ざるに上げて水けをきる。

POINT 脂身の少ないしゃぶしゃぶ用の赤身を使うので、肉をゆでる湯は沸騰させない。

❷ ❶のゆで汁を沸騰させ、アクをとり、もやしをゆでる。ゆで汁を再度沸騰させ、ざるに広げたにらの上から回しかけ、さっと火を通し、水けをきる。

❸ ❶と❷を器に盛り合わせ、Aを合わせてかけ、Bの薬味を散らす。七味とうがらしをかける。（貴堂）

材料は大きめに切りそろえて、かみごたえを出す

牛肉とピーマンのいため物

材料（2人分）

牛もも薄切り肉……120g
ピーマン（大きめの乱切り）……2個分
ゆでたけのこ（4㎜厚さで大きめの一口大に切る）……80g
玉ねぎ（大きめのくし形切り）……1/4個分
にんにく（みじん切り）……1かけ分
しょうが（みじん切り）……1かけ分
植物油……小さじ2
A［オイスターソース……大さじ1
　しょうゆ……小さじ1
かたくり粉（同量の水でとく）……小さじ2

エネルギー	206kcal	糖質	8.7g
たんぱく質	14.7g	食塩相当量	1.5g

作り方

❶ 牛肉は食べやすい長さに切る。

❷ フライパンに油、にんにく、しょうがを入れて弱火にかけ、香りが出たら、牛肉を加えていためる。肉の色が変わったら、ピーマン、ゆでたけのこ、玉ねぎも加えていため合わせる。

❸ 野菜がしんなりしてきたら、Aを加えて全体にからめ、水ときかたくり粉を回し入れてとろみをつける。（貴堂）

牛肉は赤身のヒレやモモを選んでカロリーダウン！

牛肉のステーキハーブ添え

材料（2人分）

牛もも肉（ステーキ用）……200g
スナップえんどう……5～6本分
さやいんげん（斜め半分に切る）……5～6枚分
にんじん（細切り）……1/4本分（50g）
ベビーリーフ……適量
オリーブ油……適量
A［にんにく（みじん切り）……小1/2かけ分
　ローズマリー（あらいみじん切り）……1/2枝分
　塩、黒こしょう、ピンクペッパー……各少々
塩、黒こしょう、レモンの皮（細切り）……各適量

エネルギー	250kcal	糖質	4.6g
たんぱく質	21.0g	食塩相当量	0.6g

作り方

❶ 牛肉は筋切りをし、塩、黒こしょう各少々を振る。

❷ フライパンを熱して油小さじ1を入れ、牛肉を強火で2～3分焼く。焼き色がついたら返して同様に焼き、とり出してアルミホイルに包み、5分ほどおく。

❸ スナップえんどう、いんげん、にんじんはともにさっとゆでる。

❹ 肉を切り分けて器に盛り、❸とベビーリーフを添え、まぜたAと油少々を振り、レモンの皮を散らす。（兎兎工房）

甘みづけの砂糖、風味をプラスする酒を控えて、糖質を抑える

肉豆腐

エネルギー	199kcal	糖質	8.5g
たんぱく質	17.2g	食塩相当量	1.8g

材料（2人分）

牛もも肉（しゃぶしゃぶ用）……80g
絹ごし豆腐……300g
しらたき……100g
わけぎ……2本
A
- しょうゆ……小さじ4
- 砂糖……大さじ1
- 酒……大さじ1

だし……1/2カップ

作り方

❶ 豆腐はキッチンペーパーに包んで軽く水きりし、8等分の角切りにする。牛肉は半分に切り、ほぐす。

❷ しらたきはさっとゆでて食べやすい長さに切り、わけぎは4㎝長さの斜め切りにする。

❸ 鍋にAを入れて火にかけ、牛肉を加えてほぐしながら煮る。八分どおり火が通ったら、かたくなるのでいったんとり出す。

❹ ❸の鍋にだしを入れ、豆腐、しらたきを加えて2～3分煮る。わけぎを加えて牛肉も戻し入れ、さっと煮る。

（松本）

牛肉、卵にリコピンが豊富なトマトを合わせて栄養満点

牛肉とトマトの卵いため

エネルギー	296kcal	糖質	13.8g
たんぱく質	20.6g	食塩相当量	0.8g

材料（2人分）

牛もも薄切り肉……120g
トマト（くし形切り）……2個分
グリーンアスパラガス……4本
卵……2個
塩、こしょう……各適量
小麦粉……少々
A
- オリーブ油…小さじ2
- にんにく（みじん切り）……1かけ分

白ワイン……大さじ2

作り方

❶ 牛肉は塩、こしょう各少々を振り、小麦粉を薄くまぶす。アスパラはかたい根元の皮をむき、斜め薄切りにする。

❷ フライパンにAを入れて弱火にかけ、香りが出たら牛肉とアスパラをいためる。全体に油が回ったら白ワインを振り入れ、トマトを加えていためる。

❸ トマトが少し煮くずれしてきたら卵をといて回し入れ、塩、こしょう各少々で調味し、ひとまぜする。

（大越）

ひき肉の量は減らして、塩もみ白菜を加えてあっさりと

野菜たっぷり ギョーザ

材料（2人分）

豚ひき肉……100g
白菜……1枚
ギョーザの皮……10枚
塩……少々
A ┌ 鶏ガラスープのもと……小さじ1/2
　└ しょうが（みじん切り）……1かけ分
植物油……大さじ1/2
B ┌ しょうゆ……小さじ2
　└ 酢……小さじ2

作り方

❶ 白菜はあらいみじん切りにして軽く塩もみし、水けをしっかりとしぼる。

❷ ボウルにひき肉を入れ、❶、Aを加えてよくねりまぜる。10等分にして、ギョーザの皮で包む。

❸ フライパンに油を熱し、❷を並べて焼く。ギョーザの底に焼き色がついたら水50mℓを加えて蓋をし、中火で蒸し焼きにする。最後は蓋をとって強火で焼き上げる。

❹ 器に盛り、Bを合わせて添える。（貴堂）

シューマイの皮を使わずに、糖質オフ！

しいたけシューマイ

材料（2人分・6〜8個分）

生しいたけ……6〜8個
A ┌ 豚ひき肉……100g
　│ 玉ねぎ（みじん切り）……1/4個分
　│ しょうが汁……小さじ1
　│ 水……大さじ1と1/2
　│ ごま油……大さじ1
　│ 酒……小さじ2
　│ しょうゆ……小さじ1
　└ 塩……小さじ1/2
かたくり粉……適量
レタス（太めのせん切り）……2枚分
ねりがらし（好みで）……適宜

作り方

❶ しいたけは石づきをとり除き、軸は細く裂く。

❷ Aは合わせてねりまぜ、しいたけの軸を加えてまぜ、6〜8等分にする。

❸ しいたけのかさの部分にかたくり粉を薄くまぶし、❷をのせる。

❹ 耐熱皿にレタスを敷き詰め、❸をのせる。ラップをふんわりとかけ、電子レンジで7〜8分加熱する。そのまま5分ほどおいて蒸らす。器に盛り、からしをのせて食べる。（堤）

肉ダネに豆腐や野菜を加えてボリュームアップ

豆腐入りつくねバーグ

材料（2人分）

鶏ひき肉……80g
木綿豆腐……100g
A
- れんこん（あられ切り）……60g
- にんじん（あられ切り）……40g
- 生しいたけ（あられ切り）……2個分

B
- ねぎ（あらいみじん切り）……20g
- おろししょうが……小さじ1/2
- かたくり粉……小さじ2
- しょうゆ……小さじ2/3
- 塩、こしょう……各少々

植物油……小さじ1
かぶ（くし形切り）……1個分
C
- トマト（あらく刻む）……60g
- 水……大さじ2
- 粒マスタード、オイスターソース……各小さじ1

エネルギー	189kcal	糖質	12.2g
たんぱく質	12.8g	食塩相当量	1.1g

作り方

❶ 豆腐は耐熱皿にのせ、電子レンジで2分ほど加熱して水きりする。

❷ ボウルにAを入れ、ひき肉、❶、Bを加えてよくまぜ合わせ、小判形に丸める。

❸ フライパンに油を熱し、❷を入れて中火よりやや弱火で両面を焼く。かぶもそのわきで焼く。つくねバーグに火が通ったら、器にとり出す。

❹ ❸のフライパンにCを入れて軽くまぜ、❸のつくねバーグにかける。（伊藤）

エネルギー	236kcal	糖質	10.2g
たんぱく質	16.4g	食塩相当量	2.5g

甘みはつけずに酒と酢でさっぱりと仕上げます

さっぱりレバにらいため

材料（2人分）

鶏レバー……150g
にら（3cm長さ）……1/2束
もやし（ひげ根をとる）……100g
A
- しょうゆ……大さじ1
- ごま油……小さじ2

かたくり粉……適量
植物油……小さじ4
酒……大さじ1
B
- しょうが（太めのせん切り）……1/2かけ分
- にんにく（太めのせん切り）……1かけ分
- 赤とうがらし（半分に折って種を除く）……1本分

酢……大さじ1
塩……小さじ1/3
こしょう……適量

作り方

❶ レバーは血合いをとり除き、2～3等分に切り、牛乳（分量外）に15分ほどつけて血抜きし、さっと冷水で洗う。水けをふきとり、Aをもみ込んで5分おく。いためる直前にかたくり粉を薄くまぶす。

❷ フライパンに油小さじ2を熱し、❶を入れて中火でいためる。焼き色がついたら酒を振り、いったんとり出す。

❸ ❷のフライパンの油をキッチンペーパーでさっとふきとり、油小さじ2を熱し、Bを入れて弱火でいためる。香りが出たらレバーを戻し入れ、にら、もやしを加えて中火でいためる。酢を加え、塩、こしょうで味をととのえる。（堤）

テンメンジャンや紹興酒のコクと、酢やケチャップの酸味で塩分を抑えています

あじのエスニックサラダ

材料（2人分）

あじ（刺し身用）……中2尾分（140g）
大根……60g
きゅうり……1/2本
香菜（ざく切り）……4枚分
ピーナッツ（食塩不使用）……20粒
A ┌おろししょうが……小さじ2
　│酢、紹興酒（または酒）……各大さじ1
　│テンメンジャン、ごま油、トマトケチャップ
　└……各小さじ1

作り方

❶ あじは薄いそぎ切りにする。大根ときゅうりはせん切りにし、水にさらしてシャキッとさせる。

❷ ピーナッツはからいりし、あらく砕く。

❸ ❶、❷、香菜をさっくりとまぜて器に盛り、食べる直前にAをまぜ合わせてかける。（貴堂）

エネルギー	190kcal	糖質	5.0g
たんぱく質	17.1g	食塩相当量	0.6g

ぶりは高エネルギーなので、大根をたっぷり炊き合わせて！

ぶり大根

材料（2人分）

ぶり……1切れ（100g）
大根（2cm厚さの半月切り）
……280g
A ┌水……1/2カップ
　└酒……小さじ4
B ┌しょうが（薄切り）……2枚
　└みりん……大さじ1
C ┌砂糖……小さじ2
　└しょうゆ……小さじ2
しょうが（せん切り）……適量

作り方

❶ ぶりは大きめの一口大に切り、熱湯を回しかけてから冷水にとり、水けをきる。

❷ 大根は耐熱皿に並べ、ラップをかけて電子レンジで10～11分加熱する。

❸ 鍋に❶、❷、Aを入れて中火にかけ、煮立ったらBを加え、落とし蓋をして20分ほど煮る。次にCを加えて全体をまぜ、落とし蓋をしてさらに弱火で10分ほど煮詰める。器に盛り、しょうがを添える。（貴堂）

エネルギー	161kcal	糖質	12.0g
たんぱく質	11.8g	食塩相当量	0.9g

トマトとレモンの酸味を生かした
ソースでさっぱりと

さわらのムニエル トマトソース

材料（2人分）

さわら……2切れ（160g）
トマト……1個
にんにく（みじん切り）……1かけ分
塩……小さじ1/3弱
黒こしょう……少々
小麦粉……適量
オリーブ油……小さじ1と1/3
バター（食塩不使用）……小さじ2弱
A 塩……小さじ1/6
A 黒こしょう……少々
A 砂糖……小さじ2/3
レモン（半月切り）……4枚

エネルギー	231kcal	糖質	10.6g
たんぱく質	17.5g	食塩相当量	1.5g

作り方

❶ さわらは両面に塩、黒こしょうを振って4～5分おき、小麦粉を薄くまぶす。

❷ トマトは皮を湯むきして種をとり除き、あらみじんに切る。

❸ フライパンに油を熱し、❶を入れて焼く。両面に焼き色がついたら弱火にして火を通し、バターを加えてさっとからめる。とり出して器に盛る。

❹ ❸のフライパンににんにくを入れて弱火にかけ、香りが出たら❷も加えて弱火～中火でいため、Aで調味する。❸にトマトソースをかけ、レモンを添える。（貴堂）

さばはエネルギーが高めなので、1人分は1切れ80gがめやす

さばのみそ煮

材料（2人分）

さば……2切れ（160g）
A しょうが（薄切り）……7～8枚
A だし……1カップ
A みそ……小さじ4
A 砂糖、みりん……各小さじ2
A しょうゆ……小さじ1
さやいんげん（ゆでる）……5～6本

エネルギー	218kcal	糖質	8.9g
たんぱく質	18.8g	食塩相当量	2.3g

作り方

❶ さばは半分に切る。

❷ 鍋にAを入れてよくまぜ合わせ、火にかける。煮立ったらさばを皮目を上にして入れる。再び煮立ったら弱火にし、15～16分煮る。

❸ 中火にし、スプーンで煮汁をすくって魚の表面にかけながら、さらに5～6分煮る。器に盛る。いんげんを食べやすく切り、添える。（貴堂）

鮭は揚げずに少量の油で焼いて、カロリーダウンに

鮭の焼き南蛮漬け

材料（2人分）

生鮭（切り身）……2切れ
玉ねぎ（薄切り）……30g
セロリ（斜め薄切り）……50g
パプリカ（赤・細切り）……40g
レタス（ちぎる）……1枚分
塩、こしょう……各少々
小麦粉……適量

A
- 赤とうがらし（小口切り）……少々
- 酢、だし……各1/4カップ
- しょうゆ……大さじ1
- 酒、みりん、砂糖……各小さじ2

植物油……小さじ2

エネルギー	233kcal	糖質	15.4g
たんぱく質	24.3g	食塩相当量	1.8g

作り方

❶ Aは鍋に入れ、ひと煮立ちさせておく。

❷ 鮭は一口大に切り、塩、こしょうを振る。水けをふきとって小麦粉を全体に薄くまぶし、余分な粉は軽くはたいて落とす。

❸ フライパンを熱して油をなじませ、❷を入れて、こんがりと色づくまで両面を焼く。

❹ ❸をバットに並べ、鮭が熱いうちに玉ねぎ、セロリ、パプリカをのせて❶をかけ、そのまま冷ます。器に盛り、レタスを添える。（松本）

パプリカソースをのせて彩りよく

たいときのこのこんぶ蒸し

材料（2人分）

たい（切り身）……2切れ
しめじ……100g
パプリカ（赤、黄・みじん切り）……各1/4個分
こんぶ（5×10cm角）……2枚
塩……小さじ1/3
酒……小さじ2
バター……30g
しょうゆ……大さじ1/2
イタリアンパセリ（あれば）……適宜

エネルギー	263kcal	糖質	4.1g
たんぱく質	19.0g	食塩相当量	1.9g

作り方

❶ たいは塩を振って10分ほどおき、水けをふきとる。しめじは石づきをとってほぐし、こんぶはもどす。

❷ 器にこんぶを敷き、しめじ、たいの順にのせて酒を振り、蒸気が上がった蒸し器に入れて4～5分蒸す。

❸ バターを熱したフライパンにパプリカを入れていため、しょうゆを振り入れる。

❹ 蒸し上がった❷に❸のソースをかけ、イタリアンパセリを飾る。（堤）

低糖質なうえ、高たんぱく、低脂肪、低エネルギーなたらは、糖尿病の強い味方

たらのソテーレモンバター

エネルギー	177kcal	糖質	1.4g
たんぱく質	19.5g	食塩相当量	1.6g

材料（2人分）

たら（切り身）………… 2切れ
エリンギ（縦4等分に切る）
………………………………… 2本
塩………………………小さじ1/3
こしょう…………………………適量
オリーブ油…………小さじ1

A
- アンチョビ（たたく）
……………………… 2枚分
- パセリ（みじん切り）
…………………… 小さじ2
- レモン汁…… 小さじ1
- おろしにんにく、
レモンの皮（細切り）
……………………… 各少々
- バター……………… 20g

作り方

❶ たらは3等分に切り、塩、こしょうを振って5分ほどおき、水けをふきとる。

❷ フライパンに油を熱し、❶とエリンギを入れて中火で1分焼き、返してさらに1分焼く。

❸ 全体に焼き色がついたら、Aを加えて手早く煮からめる。（堤）

かつおは湯引きして脂をカット！　濃厚なみそだれがよく合う

かつおのたたき

エネルギー	187kcal	糖質	7.3g
たんぱく質	22.8g	食塩相当量	1.2g

材料（2人分）

かつお（刺し身用・さく）
…………………………… 160g
玉ねぎ……………… 中1/2個
紫玉ねぎ……………………40g
ルッコラ（あれば）……適宜

A
- おろしにんにく
……………… 小さじ1
- みそ、酢、オリーブ油
…………… 各大さじ1
- こしょう………… 少々

作り方

❶ かつおはざるにのせ、熱湯を回しかけ、表面が白っぽくなったら冷水にとる。キッチンペーパーに包み、冷蔵庫で冷やす。

❷ 玉ねぎと紫玉ねぎは薄切りにし、水にさらして適度に辛みを除き、キッチンペーパーに包んで水けをしぼる。

❸ Aをまぜ合わせてたれを作る。

❹ かつおは薄いそぎ切りにして❷と盛り合わせ、❸のたれをかける。ルッコラを飾る。（貴堂）

ボリュームを出したいときは、えびは殻ごと調理を

えびのチリソースいため

エネルギー	232kcal	糖質	10.0g
たんぱく質	28.4g	食塩相当量	2.1g

材料（2人分）

えび……………………………16～20尾
タアサイ…………………………140g
A ねぎ（みじん切り）………大さじ2
A しょうが（みじん切り）……小さじ2
B 水…………………………大さじ6
B 酢、しょうゆ、砂糖、トマトケチャップ、酒………各小さじ2
B 鶏ガラスープのもと…小さじ2/3
B 豆板醤……………………………少々
かたくり粉（同量の水でとく）……小さじ2
ごま油……………………………小さじ4

作り方

❶ えびは殻と尾をむいて背わたを抜き、背に切り目を入れて開く。タアサイは3～4㎝長さのざく切りにする。Bはまぜ合わせておく。

❷ フライパンに油小さじ2を熱してタアサイをいため、しんなりしたら器に敷いておく。

❸ ❷のフライパンに油小さじ2を入れて熱し、Aをいためる。香りが出たら、えびを加えていため合わせる。えびの色が変わったらBを加えて煮立て、水ときかたくり粉を回し入れてとろみをつけ、❷の器に盛る。（貴堂）

いかはかたくならないように、煮すぎに注意

いかと大根の煮物

エネルギー	164kcal	糖質	9.6g
たんぱく質	21.4g	食塩相当量	1.6g

材料（2人分）

いか（するめいか）……1ぱい（220g）
大根（大きめの乱切り）……………300g
絹さや……………………………4本
ごま油……………………………小さじ2
だし……………………1と1/2カップ
A しょうゆ…………………小さじ2
A みりん……………………小さじ2
A 砂糖………………………小さじ1

作り方

❶ いかは内臓とエンペラをとり除き、よく洗ってから1㎝幅の輪切りにし、足は一口大に切る。

❷ 鍋に油を熱し、大根を入れてさっといため、だしを加えて15分ほど煮る。

❷ Aを加えてさらにしばらく煮て、八分どおり火が通ったら、いかを加えてひと煮する。火を止め、絹さやを加えて蓋をして5分ほどおく。（貴堂）

オイスターソースのうまみで、薄味でも十分においしい！

カキのオイスターソースいため

エネルギー	190kcal	糖質	14.3g
たんぱく質	10.3g	食塩相当量	2.1g

材料（2人分）

カキ（むき身）……小10個（240g）
にんにくの茎（4cm長さに切る）……100g
ねぎ（斜め薄切り）……40g
エリンギ（薄切り）……30g
酒……小さじ1
かたくり粉……小さじ2
ごま油……小さじ4
A
- 水……大さじ2
- 酒……小さじ2
- オイスターソース……小さじ1
- しょうゆ……小さじ2/3

作り方

❶ カキはよく洗って水けをきり、酒を振ってかたくり粉を薄くまぶす。Aはまぜ合わせておく。

❷ フライパンに油小さじ2を熱し、カキをいためる。火が通ったらいったんとり出す。

❸ ❷のフライパンに油小さじ2を熱し、にんにくの茎、エリンギ、ねぎを加えていため合わせる。全体に油が回ったらカキを戻し入れ、Aを回し入れてまぜ、全体に味をからめる。　（貴堂）

魚介類に白ワインを振ってじっくりと蒸し煮にして、素材のうまみを引き出す

あさりのアクアパッツァ

エネルギー	157kcal	糖質	3.4g
たんぱく質	15.0g	食塩相当量	0.5g

材料（2人分）

あさり（殻つき・砂抜きしたもの）……100g
たい……2切れ（120g）
グリーンアスパラガス……4本
ミニトマト（半分に切る）……6個分
A
- にんにく（みじん切り）……1かけ分
- 水……80mℓ
- 白ワイン……大さじ2
- オリーブ油……小さじ2

黒こしょう……少々

作り方

❶ あさりは洗い、ざるに上げておく。たいは一口大に切る。アスパラは根元のかたい皮をむき、4cm長さの斜め切りにする。

❷ フライパンに❶、ミニトマト、Aを入れて中火にかけ、蓋をして15～16分蒸し煮にする。

❸ 貝の口が開いたら蓋をとり、フライパンを揺すりながら少し煮てアルコール分をとばす。仕上げに黒こしょうを振る。　（貴堂）

カレールウは糖質が多いので、スープカレーにして低糖質に！

さば缶とオクラのスープカレー

材料（2人分）

さば水煮缶……1缶（190g）
オクラ（斜め半分に切る）……6本分
トマト（ざく切り）……小1個分
しめじ（ほぐす）……100g
だし……1と1/2カップ
カレールウ……1かけ
しょうゆ……小さじ1/2

作り方

❶ 鍋にさば水煮を汁ごと入れ、だしを加えて温める。煮立ったらオクラ、トマト、しめじを加え、再び煮立ったら火を止め、カレールウを加えてとかす。

❷ 再び火にかけ、3分ほど煮て、しょうゆで味をととのえる。（牧野）

エネルギー	253kcal	糖質	8.7g
たんぱく質	19.1g	食塩相当量	2.3g

低糖質な鮭水煮缶、もやし、キャベツ、まいたけを合わせて

鮭缶のチャンチャン焼き風

材料（2人分）

鮭水煮缶……1缶（180g）
もやし……100g
キャベツ（ざく切り）……100g
まいたけ（ほぐす）……100g
みそ、バター……各小さじ2
七味とうがらし（好みで）……適宜

作り方

❶ みそを鮭水煮缶の汁でのばす。

❷ アルミホイルを広げてもやし、キャベツ、まいたけを敷いて、鮭水煮をのせる。❶をかけ、ちぎったバターをのせ、アルミホイルの口を閉じる。

❸ 魚焼きグリルで8分ほど（またはオーブントースターで10分ほど）焼く。七味とうがらしを振る。（牧野）

エネルギー	208kcal	糖質	3.9g
たんぱく質	18.5g	食塩相当量	1.4g

青のり風味の衣がカリッと香ばしい！

豆腐のステーキ青のり風味

エネルギー	224kcal	糖質	9.1g
たんぱく質	15.4g	食塩相当量	2.5g

材料（2人分）

木綿豆腐……300g
小麦粉……適量
A
- とき卵……1個分
- 青のり……大さじ1/2
- 塩……小さじ1/3

ごま油……小さじ2
B
- しょうゆ……大さじ1
- みりん……大さじ1/2

貝割れ菜（1cm長さに切る）……25g

作り方

❶ 豆腐は重しをして20分ほどおき、しっかりと水きりする。

❷ 水けがきれたら、厚みを半分に切る。全体に小麦粉を薄くまぶし、余分な粉ははたき落とし、合わせたAにくぐらせる。

❸ フライパンに油を熱し、❷を入れて中火で片面2分ずつ焼く。焼き色がついたら、Bを回しかける。器に盛り、貝割れ菜を散らす。（堤）

大豆は水煮缶を使えば、もどす手間が省けて調理が手軽

大豆のトマトシチュー

エネルギー	182kcal	糖質	6.0g
たんぱく質	19.0g	食塩相当量	1.8g

材料（2人分）

大豆水煮缶……140g
豚ヒレかたまり肉……80g
玉ねぎ（みじん切り）……1/3個分
にんにく（みじん切り）……2/3かけ分
オリーブ油……小さじ1
塩、こしょう……各少々
塩、あらびき黒こしょう……各少々
A
- 水……2カップ
- カットトマト水煮缶……60g
- 固形コンソメ……2/3個
- ローリエ……1枚

パセリ（みじん切り）……少々

作り方

❶ 豚肉は食べやすく切り、塩、こしょうを振って下味をつける。

❷ 鍋に油を熱し、玉ねぎ、にんにくを入れていため、香りが立ったら❶の豚肉を加えていためる。

❸ 肉の色が変わったらAと大豆を加え、中火よりやや弱火で30分ほど煮込む。

❹ 肉がやわらかく煮えたら塩、黒こしょうで味をととのえ、器に盛り、パセリを散らす。（伊藤）

厚揚げの量は控えめにして野菜をたっぷりととり合わせて！

厚揚げと白菜の中華いため

エネルギー	157kcal	糖質	6.0g
たんぱく質	9.7g	食塩相当量	1.4g

材料（2人分）

厚揚げ……1枚（140g）
白菜（一口大のそぎ切り）……2枚分
ピーマン（乱切り）……1個分
A ねぎ（みじん切り）……大さじ2
A にんにく（みじん切り）……小さじ2
A しょうが（みじん切り）……小さじ2
ごま油……小さじ2
B オイスターソース……小さじ4
B 酒……小さじ2

作り方

❶ 厚揚げは熱湯を回しかけて油抜きし、縦半分に切り、さらに7～8㎜厚さに切る。

❷ フライパンに油を熱してAをいため、香りが出たら白菜とピーマンを加えて手早くいため合わせる。

❸ 野菜に火が通ったら、Bを加えてまぜ、調味する。

（貴堂）

大豆の栄養が凝縮した高野豆腐で、たんぱく質、食物繊維をとる

高野豆腐の炊き合わせ

エネルギー	146kcal	糖質	10.8g
たんぱく質	12.8g	食塩相当量	2.1g

材料（2人分）

高野豆腐……2枚（32g）
干ししいたけ……4個
にんじん……60g
ゆでたけのこ……100g
A だし……1と1/3カップ
A しょうゆ……小さじ4
A みりん……小さじ4
絹さや（ゆでる）……適宜

作り方

❶ 高野豆腐はぬるま湯につけてもどし、4等分に切る。

❷ 干ししいたけはもどして四つ割りにし、にんじんは5～6㎜厚さの輪切りにする。たけのこは根元は半月切りにし、穂先は縦半分に切る。

❸ 鍋にAを入れて煮立て、❶を重ならないように並べ入れ、あいた部分に❷も入れて中火で20分ほど煮る。火を止め、そのまましばらくおいて味を含ませる。

❹ ❸を器に盛り合わせ、斜め細切りにした絹さやをあしらう。

（貴堂）

エネルギー	176kcal	糖質	7.2g
たんぱく質	14.3g	食塩相当量	2.1g

かに玉

かに缶は食塩水に漬けてあるので調味の塩は省いて！

材料（2人分）

かに水煮缶……60g
卵……2個
ゆでたけのこ（せん切り）……60g
生しいたけ……2個
A
- ねぎ（斜め切り）……1/2本分
- しょうが（みじん切り）……小さじ2

植物油……小さじ2
B
- だし……1/2カップ
- しょうゆ……大さじ1
- 酒……小さじ2
- 酢……小さじ2
- 砂糖……小さじ1弱

かたくり粉（同量の水でとく）……小さじ1
グリンピース……20g

作り方

❶ しいたけは石づきをとって薄切りにする。

❷ ボウルに卵を割りほぐし、❶とたけのこ、かに、Aを加えてよくまぜ合わせる。

❸ フライパンに油を熱して❷の半量を流し入れ、卵液を縁から中心へと大きくまぜながら、半熟状に固まってくるまでいためる。卵の縁が固まってきたら、周囲にへらを入れて丸く形をととのえ、裏返す。さっと焼き、底に焼き色がついたら器に移す。残りも同様にする。

❹ Bを鍋に入れて煮立て、水ときかたくり粉でとろみをつけ、グリンピースを加えてひと煮し、❸にかける。（貴堂）

小ねぎをたっぷり使ってチヂミ風に！

チヂミ風小ねぎの卵焼き

材料（2人分）

卵……3個
小ねぎ……10本（30g）
A
- 水……大さじ1と1/2
- かたくり粉……大さじ1/2
- 鶏ガラスープのもと……小さじ1
- 塩……少々

小麦粉、ごま油……各大さじ1
糸とうがらし……適宜

エネルギー	191kcal	糖質	6.4g
たんぱく質	10.1g	食塩相当量	1.3g

作り方

❶ 小ねぎは3～4㎝長さに切り、小麦粉を振りまぜる。

❷ ボウルに卵を割りほぐしてAをまぜ、❶も加えてまぜる。

❸ フライパンに油を熱し、❷を流し入れて平らに広げ、両面をこんがりと焼く。食べやすく切って器に盛り、糸とうがらしを散らす。（兎兎工房）

油を使わずに電子レンジで仕上げるのでヘルシー！

ほうれんそうの巣ごもり卵

材料（2人分）

卵……2個
ほうれんそう……100g
ボンレスハム（細く切る）……2枚分
塩、こしょう……各少々

作り方

❶ ほうれんそうは色よくゆで、3～4㎝長さに切り、水けをしっかりしぼる。

❷ ❶に塩、こしょう、ハムを加えてまぜ合わせる。

❸ 耐熱容器に❷を半量ずつ入れ、まん中をくぼませて卵を割り入れる。竹串で卵黄を2～3カ所刺してラップをそれぞれにかける。1個あたり電子レンジで1分10秒ほど加熱する。

（伊藤）

エネルギー	92kcal	糖質	0.5g
たんぱく質	9.1g	食塩相当量	0.8g

卵にひき肉をプラスして、ボリュームも味もアップ！

ひき肉入りおかず卵焼き

材料（2人分）

卵……3個
豚ひき肉……100g
小ねぎ（小口切り）……3本分
植物油……大さじ1強
A
- おろししょうが……小さじ1
- しょうゆ……大さじ1/2
- みりん……小さじ1

作り方

❶ 卵は割りほぐす。

❷ フライパンに油少々を熱し、ひき肉、小ねぎ、Aを入れて2分ほどいためる。肉に火が通ったら、とり出し、❶に加える。

❸ ❷のフライパンの油をキッチンペーパーでふきとり、油大さじ1をなじませる。❷の卵液を1/3量流し入れ、手早く全体に広げる。表面が半熟程度になったら、向こう側に巻いていく。残りの卵液も2回に分けて流し入れ、同様に焼く。

❹ 食べやすい大きさに切り分け、器に盛る。（堤）

エネルギー	278kcal	糖質	2.4g
たんぱく質	18.5g	食塩相当量	1.0g

3章

低糖質の副菜・汁物

食物繊維が豊富な野菜やきのこ、海藻などを使った副菜・汁物を 37 品紹介します。ビタミンやミネラルもとることができます。副菜は、主菜と味つけや調理法が重ならないように組み合わせましょう。汁物は食塩相当量が高くなりがちなので、注意を！

栄養データ

エネルギー、糖質、食物繊維、食塩相当量を表示。いずれも断りがない場合は、1 人分（1 食分）のめやすです。

材料の分量

2 人分が基本ですが、一部は作りやすい分量となっています。1 人分作る場合は半量をめやすに減らします。

おろし納豆

簡単で満腹感も
得られる！

材料（2人分）

納豆……小2パック（80g）
※たれ、ねりがらし付き。
大根おろし…………100g

作り方

❶ 納豆に添付のたれ、からしを加えてまぜる。
❷ 器に❶を盛り、大根おろしを添え、まぜて食べる。

（牧野）

エネルギー	94kcal	糖質	4.8g
食物繊維	3.3g	食塩相当量	0.6g

めかぶ納豆

めかぶを
もずくにかえても

材料（2人分）

納豆……小2パック（80g）
※たれ、ねりがらし付き。
めかぶ（味つき）
…………2パック（80g）

作り方

❶ 納豆に添付のたれ、からしを加えてまぜる。
❷ 器に❶を盛り、めかぶを加えてまぜる。（牧野）

エネルギー	92kcal	糖質	3.6g
食物繊維	3.7g	食塩相当量	1.3g

厚揚げと小松菜の煮びたし

厚揚げの
うまみを生かし、
煮汁は薄味に

材料（2人分）

厚揚げ……2/5枚（80g）
小松菜…………4株
A
- だし……2/3カップ
- しょうゆ……………小さじ2
- みりん……小さじ2
- 酒……………小さじ1

作り方

❶ 厚揚げは熱湯を回しかけて油抜きし、7～8㎜厚さの色紙切りにする。
❷ 小松菜は3～4㎝長さに切る。
❸ 鍋にAを入れて煮立て、❶を入れて中火で5～6分煮、❷を加えてしんなりするまで火を通す。（貴堂）

エネルギー	70kcal	糖質	3.8g
食物繊維	1.6g	食塩相当量	0.9g

春に出回る新玉ねぎは
水にさらさなくてOK!

オニオンスライス

材料（2人分）

玉ねぎ……………中1個
削りがつお……………3g
ポン酢しょうゆ
……………小さじ1

作り方

❶ 玉ねぎは繊維に直角の薄切りにし、水にさらす。
❷ 水けをきって器に盛り、削りがつおをのせ、ポン酢しょうゆをかける。（松本）

エネルギー 38kcal	糖質 6.9g
食物繊維 1.4g	食塩相当量 0.3g

えのきは火を通しすぎず、
歯ざわりを生かす

えのきの梅おかかあえ

材料（2人分）

えのきたけ……………100g

A
- 梅干し（種をとりたたく）……………1個分
- みりん……小さじ1
- しょうゆ……………小さじ1/2
- 削りがつお………2g

作り方

❶ えのきは根を落とし、熱湯でさっとゆでる。
❷ Aをまぜ合わせ、❶を加えてあえる。（堤）

エネルギー 31kcal	糖質 3.7g
食物繊維 2.2g	食塩相当量 1.1g

塩蔵わかめは調理前に
よく洗って塩を洗い流して

わかめの煮びたし

材料（2人分）

わかめ（塩蔵）……………30g
ちりめんじゃこ
……………大さじ2

A
- だし……1/2カップ
- みりん……小さじ1
- しょうゆ……………小さじ1/2

作り方

❶ わかめはよく塩を洗い流して水けをきり、食べやすい長さに切る。
❷ ちりめんじゃこはざるに入れて熱湯を回しかけ、水けをよくきる。
❸ 鍋にAを入れて煮立て、❶と❷を入れてひと煮する。

（貴堂）

エネルギー 17kcal	糖質 1.7g
食物繊維 0.7g	食塩相当量 0.8g

ひじきの煮物

砂糖を控えめにして
できるだけ薄味に仕上げる

材料（作りやすい分量・4人分）

ひじき（乾燥）……25g
油揚げ……3/4枚
にんじん……25g
しらたき……45g
さやいんげん（ゆでる）……2本
植物油……小さじ2
A　だし……3/4カップ
　　砂糖、しょうゆ……各小さじ2

エネルギー	54kcal	糖質	2.7g
食物繊維	3.8g	食塩相当量	0.6g

作り方

❶ ひじきは水でもどして水けをきり、長ければ切る。油揚げは熱湯を回しかけて油抜きし、細切りにする。にんじんも細切りにし、しらたきはゆでて食べやすい長さに切る。

❷ 鍋に油を熱し、❶を入れていためる。油が回ったらAを加えて煮立て、落とし蓋をして弱火で10～15分煮る。いんげんを斜め細切りにして加え、ざっとまぜる。（松本）

蒸しなすの中華だれ

なすはレンジ
加熱で鮮やかな
色をキープ！

材料（2人分）

なす……2個
A　にんにく（みじん切り）……1かけ分
　　ねぎ（みじん切り）……大さじ2
　　おろししょうが……小さじ1
　　酒、酢……各小さじ2
　　しょうゆ……小さじ1
ラー油（好みで）……適宜

エネルギー	27kcal	糖質	3.6g
食物繊維	1.9g	食塩相当量	0.4g

作り方

❶ なすは洗って横半分に切り、さらに縦6等分に切る。耐熱皿に広げてラップをかけ、電子レンジで5分加熱する。あら熱がとれたら冷蔵庫で冷やす。

❷ 耐熱容器にAを合わせ、ラップをかけて電子レンジで2分加熱する。

❸ ❶を器に盛って❷をかけ、ラー油をかける。（貴堂）

蒸しアスパラのチーズのせ

アスパラは
レンジ加熱だと、
水っぽさがなく◎

材料（2人分）

グリーンアスパラガス……4本
A　塩……小さじ1/4
　　こしょう……適量
　　白ワイン…小さじ1
クリームチーズ……30g

エネルギー	54kcal	糖質	1.0g
食物繊維	0.5g	食塩相当量	0.9g

作り方

❶ アスパラはかたい根元の皮をむく。

❷ ❶を耐熱容器に並べ入れ、Aを順に振る。ラップをふんわりとかけ、電子レンジで1分30秒加熱する。器に盛り、クリームチーズをのせる。（堤）

ゴーヤの苦みは
わたを取ってから
塩もみでやわらげる

ゴーヤのじか煮

材料（2人分）

ゴーヤ……………………1/2本
塩…………………………少々
A
- 水…………1/2カップ
- しょうゆ……大さじ1と1/2
- 酒……………大さじ1

削りがつお………………2g

エネルギー	22kcal	糖質	2.1g
食物繊維	1.4g	食塩相当量	2.2g

作り方

❶ ゴーヤは縦半分に切ってわたと種をスプーンなどでとり除き、薄切りにする。塩を振り、しんなりしたら水けをぎゅっとしぼる。

❷ 小鍋にAを入れて煮立て、削りがつおと❶を加え、さっと煮る。（堤）

きのこを数種類
とり合わせると、
うまみたっぷり！

きのこのワイン蒸し

材料（2人分）

生しいたけ………………4個
しめじ（小房に分ける）
……………………………50g
えのきたけ………………50g
マッシュルーム…………4個
白ワイン…………大さじ2
塩、こしょう………各少々
レモン汁…………小さじ1

エネルギー	27kcal	糖質	2.4g
食物繊維	3.5g	食塩相当量	0.3g

作り方

❶ しいたけは軸を切り落として薄切りにし、えのきは根を落とし、長さを3等分に切る。マッシュルームは石づきをとり、薄切りにする。

❷ きのこを鍋に入れて火にかけ、白ワインを振ってひとまぜし、蓋をして蒸し煮にする。きのこがしんなりしたら塩、こしょうを振り、レモン汁をかける。（貴堂）

こんにゃくは手でちぎると、
煮汁がしみ込みやすい

こんにゃくのおかか煮

材料（2人分）

こんにゃく………………1枚
A
- 水…………1/2カップ
- 砂糖、しょうゆ……各小さじ1
- 削りがつお………4g

七味とうがらし……少々

エネルギー	21kcal	糖質	1.9g
食物繊維	2.8g	食塩相当量	0.5g

作り方

❶ こんにゃくは一口大にちぎり、さっとゆでる。

❷ 鍋にAを入れて煮立て、水けをきった❶を入れて、弱めの中火で煮汁がなくなるまでコトコトと煮る。

❸ 器に盛り、七味とうがらしを振る。（貴堂）

かぼちゃのピリ辛いため

かぼちゃは
糖質が多いので
量に注意を

材料（2人分）

かぼちゃ……100g
ねぎ（みじん切り）‥6cm分
しょうが（みじん切り）……1/2かけ分
ごま油……小さじ1
A
- 酒……小さじ2
- 赤みそ（またはみそ）……小さじ1
- 豆板醤……少々

エネルギー	49kcal	糖質	6.2g
食物繊維	1.3g	食塩相当量	0.5g

作り方

❶ かぼちゃは種とわたを除き、5㎜厚さのくし形に切る。
❷ Aはまぜておく。
❸ フライパンに油を熱し、ねぎとしょうがを入れていためる。香りが出たら❶を加えていため合わせ、かぼちゃに火が通ったら❷で調味する。（貴堂）

きゅうりの薄味いため

きゅうりは手早くいためて
歯ごたえを残して！

材料（2人分）

きゅうり……2本
しょうが（せん切り）……1/3かけ分
ごま油……小さじ2
A
- うすくちしょうゆ……小さじ1
- 塩、ラー油……各少々

エネルギー	47kcal	糖質	1.2g
食物繊維	0.6g	食塩相当量	0.7g

作り方

❶ きゅうりは縦半分に切り、種をスプーンでとり除く。
❷ フライパンに油を熱し、しょうがを弱火でいため、香りが出たら❶を加えて2分ほどさっといためる。
❸ きゅうりがしんなりしたら、Aを加えて調味し、手早くまぜる。（堤）

ズッキーニのチーズ焼き

チーズを
のせて
トースターで
焼くだけ

材料（2人分）

ズッキーニ……1本
塩、こしょう……各少々
ピザ用チーズ……大さじ3
オリーブ油……適量

作り方

❶ ズッキーニは横半分に切り、3等分に切る。切り口に塩、こしょうを振り、チーズをのせる。
❷ ❶をオーブントースターで、チーズがとけるまで5～6分焼く。器に盛り、油をかける。（堤）

エネルギー	62kcal	糖質	1.5g
食物繊維	1.0g	食塩相当量	0.4g

きのこは焼き色がつくまでしっかりといためて

きのこのきんぴら

材料（2人分）

生しいたけ……2個
まいたけ……100g
しめじ……50g
ごま油……小さじ2
A
- 赤とうがらし（種をとって小口切り）……1本分
- しょうゆ……小さじ1と1/2
- みりん……小さじ1

七味とうがらし……適量

エネルギー	65kcal	糖質	2.9g
食物繊維	3.5g	食塩相当量	0.7g

作り方

❶ きのこは石づきをとり、しいたけは薄切りにし、まいたけとしめじはほぐす。

❷ フライパンに油を熱し、きのこを入れ、木べらなどで押しつけながら1分30秒ほど焼きつける。焼き色がついたら返し、さらに1分ほど焼く。

❸ Aを加えていため、器に盛り、七味とうがらしを振る。（堤）

にんにくとしょうがをきかせ、調味料は少量に！

わかめのにんにくしょうがいため

材料（2人分）

わかめ（塩蔵）……50g
にんにく（あらみじん）……1かけ分
しょうが（あらみじん）……1かけ分
ごま油……小さじ2
塩、こしょう……各適量
しょうゆ……小さじ1/3

エネルギー	48kcal	糖質	1.2g
食物繊維	1.4g	食塩相当量	0.9g

作り方

❶ わかめはよく塩を洗い流してもどし、水けをきってざく切りにする。

❷ フライパンに油を熱し、にんにくとしょうがを弱火でいためる。香りが出たら中火にし、❶を加えてさっといためる。わかめが色鮮やかになったら、塩、こしょうで味をととのえ、しょうゆを回しかける。（堤）

糸こんにゃくをしらたきにかえてもOK

糸こんとししとうのおかかいため

材料（2人分）

糸こんにゃく……100g
ししとうがらし……12本
ごま油……小さじ1
A
- うすくちしょうゆ……小さじ1と1/2
- みりん……小さじ1
- 削りがつお……2g

エネルギー	36kcal	糖質	2.1g
食物繊維	2.0g	食塩相当量	0.7g

作り方

❶ 糸こんにゃくは熱湯でさっとゆで、水けをきって食べやすい長さに切る。

❷ ししとうは竹串で数カ所穴をあける。

❸ フライパンに油を熱し、❶を入れて1分30秒ほどいためる。全体に油が回ったら、Aと❷も加えて手早くいため合わせる。（堤）

ほうれんそうとベーコンのサラダ

材料（2人分）

ほうれんそう（サラダ用）……80g
ベーコン（ショルダー）…1枚
パプリカ（黄・薄切り）…20g
A
- 酢……小さじ2
- 植物油……小さじ1
- 塩、こしょう……各少々

エネルギー	47kcal	糖質	1.0g
食物繊維	1.3g	食塩相当量	0.5g

作り方

❶ ほうれんそうは根元を切り、冷水につけてシャキッとさせ、よく水けをきって、食べやすい大きさにちぎる。

❷ ベーコンは6～8㎜幅に切り、フライパンで油を使わずにカリッといためる。

❸ 器に❶、❷、パプリカを盛り、Aをよくまぜ合わせてかける。（貴堂）

脂の少ないショルダーベーコンを選んでカロリーダウン

ブロッコリーのミモザサラダ

材料（2人分）

ブロッコリー……140g
ゆで卵（みじん切り）…1/2個分
A
- 牛乳、マヨネーズ、酢……各小さじ2
- 粒マスタード……小さじ1

エネルギー	80kcal	糖質	1.8g
食物繊維	3.6g	食塩相当量	0.2g

作り方

❶ ブロッコリーは小房に分け、食べる直前にゆでる。ゆで上がったらざるに上げ、ゆで汁をきって熱いうちに器に盛る。

❷ Aをよくまぜ合わせ、ドレッシングを作る。

❸ ❶にゆで卵を散らし、❷をかける。（貴堂）

ゆで卵で栄養価がアップ

トマトと青じそのサラダ

材料（2人分）

トマト（乱切り）…小2個分
玉ねぎ……40g
青じそ（せん切り）……7～8枚分
A
- 植物油……小さじ2
- 酢……小さじ1
- しょうゆ…小さじ1
- 砂糖……少々

エネルギー	76kcal	糖質	7.3g
食物繊維	2.0g	食塩相当量	0.4g

作り方

❶ 玉ねぎはみじん切りにして、水にさらす。

❷ Aをよくまぜ合わせ、ドレッシングを作る。

❸ 器にトマトを盛る。玉ねぎは水けをしぼって散らし、青じそをのせる。❷をかけ、青じそをからめながら食べる。（貴堂）

たっぷり加えたパセリの香りがアクセント

コールスロー風サラダ

材料（2人分）

キャベツ（せん切り）……3枚分（150g）
ツナ水煮缶……40g
パセリ（みじん切り）……大さじ3
塩……小さじ1/3
A マヨネーズ、酢……各大さじ1/2
A こしょう……適量

エネルギー	52kcal	糖質	2.8g
食物繊維	1.7g	食塩相当量	0.7g

作り方

1. キャベツは塩を振ってよくもみ込み、5分ほどおく。しんなりしたら、水けをぎゅっとしぼる。
2. Aをまぜ合わせ、1、ほぐしたツナ、パセリを加えてよくまぜる。（堤）

グレープフルーツがさわやかな味わいに

にんじんのひらひらサラダ

材料（2人分）

にんじん……60g
貝割れ菜（長さを半分に切る）……30g
グレープフルーツ……1/3個
塩……少々
フレンチドレッシング（市販）……小さじ1

エネルギー	34kcal	糖質	5.6g
食物繊維	1.2g	食塩相当量	0.3g

作り方

1. にんじんは皮をむき、ピーラーで縦に薄く切る。塩でもみ、水洗いして水けをきる。
2. グレープフルーツは果肉をとり出し、一口大に切る。果汁とフレンチドレッシングを合わせ、1と貝割れ菜、グレープフルーツの果肉をあえる。（貴堂）

粉とうがらしがなければ一味とうがらしを少々使っても

白菜のチョレギサラダ

材料（2人分）

白菜……2枚（200g）
せり……1/3束
A おろしにんにく……少々
A ごま油……大さじ1
A 粉とうがらし（あらびき）……小さじ2
A 酢……大さじ1/2
A しょうゆ……小さじ1
A 塩……小さじ1/3

作り方

1. 白菜は手で一口大にちぎり、せりは4㎝長さに切る。
2. Aをまぜ合わせ、1を加えてさっくりとあえる。（堤）

エネルギー	82kcal	糖質	3.8g
食物繊維	1.8g	食塩相当量	1.4g

ミニトマトのはちみつマリネ

レモンの香りが
さわやかな一品

材料（2人分）

ミニトマト……7～8個

A
- レモンの皮（せん切り）……少々
- はちみつ……小さじ1
- 塩、こしょう……各少々

作り方

❶ ミニトマトは縦半分に切る。

❷ ボウルにAをまぜ合わせ、❶を加えてまぜる。冷蔵庫で冷やして味をなじませる。

（貴堂）

エネルギー	21kcal	糖質	4.6g
食物繊維	0.4g	食塩相当量	0.3g

しいたけのナムル

あたたかいうちに
調味料であえて

材料（2人分）

生しいたけ……6個

A
- おろしにんにく……少々
- すり白ごま……大さじ1/2
- しょうゆ、ごま油……各小さじ1/2
- 塩……適量

作り方

❶ しいたけは石づきをとって5㎜厚さに切り、さっとゆでる。ざるに上げ、水けをきる。

❷ ボウルにAをまぜ合わせ、❶があたたかいうちに加えてあえる。

（堤）

エネルギー	27kcal	糖質	0.7g
食物繊維	1.7g	食塩相当量	0.5g

白菜の中華風甘酢漬け

保存がきくので、
常備菜にも◎

材料（2人分）

白菜……4枚

塩……小さじ1/6

A
- 赤とうがらし（小口切り）……少々
- 酢……大さじ3
- 砂糖……小さじ2
- ごま油……小さじ1

作り方

❶ 白菜は軸を1㎝幅に切り、葉はざく切りにする。塩を振ってよくもみ、しんなりしたらきつくしぼる。

❷ 鍋にAを入れて煮立て、赤とうがらしの香りが出て、砂糖がとけたら火を止める。

❸ ❶に❷をかけてからめ、1時間ほどおいて味をなじませる。

（貴堂）

エネルギー	62kcal	糖質	7.4g
食物繊維	2.7g	食塩相当量	0.5g

根三つ葉の上品な香りを楽しんで

三つ葉のナムル

材料（2人分）

根三つ葉……1束（150g）
塩……少々
A
- おろしにんにく……少々
- ごま油……小さじ2
- しょうゆ…小さじ1/2
- 塩……小さじ1/3
- こしょう……少々

すり白ごま……適量

エネルギー	53kcal	糖質	1.1g
食物繊維	2.2g	食塩相当量	1.2g

作り方

❶ 根三つ葉は4cm長さに切り、塩を加えた熱湯で色よくゆでる。水にとって冷まし、水けをしぼる。

❷ ボウルにAをまぜ合わせ、❶を加えてあえる。器に盛り、ごまを振る。（堤）

コリコリ食感ととうがらしの辛みがおいしい

大根の即席カクテキ

材料（2人分）

大根……100g
塩……小さじ1/3
A
- おろしにんにく……少々
- 粉とうがらし（あらびき）……小さじ1/2
- ごま油……小さじ1/2

エネルギー	19kcal	糖質	1.8g
食物繊維	0.7g	食塩相当量	0.5g

作り方

❶ 大根は1.5cm角に切り、塩もみして5分ほどおく。しんなりしたら水けをしぼる。

❷ ボウルにAをまぜ合わせ、❶を加えてよくまぜる。（堤）

トマトのうまみで塩分と油を抑えて！

パプリカのトマトマリネ

材料（2人分）

パプリカ（赤、黄合わせて）……120g
玉ねぎ……1/2個
トマト……小1個
A
- オリーブ油……小さじ1
- 塩、こしょう……各少々
- タバスコ（好みで）……適宜

作り方

❶ パプリカは縦に細切りにし、さっとゆでる。玉ねぎは薄切りにする。

❷ トマトは皮ごとすりおろしてAとまぜ合わせ、❶をあえる。冷蔵庫に入れて20分おき、味をなじませる。（貴堂）

エネルギー	65kcal	糖質	9.3g
食物繊維	2.3g	食塩相当量	0.3g

豚汁

根菜たっぷりの
具だくさん汁

材料（2人分）

豚もも肉(薄切り)……20g
大根……50g
こんにゃく、木綿豆腐……各30g
にんじん、ごぼう…各20g
ねぎ(ぶつ切り)……1/4本分
だし……1と1/2カップ
みそ、白みそ…各小さじ2
七味とうがらし……少々

エネルギー 72kcal	糖質 6.5g
食物繊維 2.6g	食塩相当量 1.3g

作り方

❶ 豚肉は3㎝長さに切る。大根とにんじんは5～6㎜厚さのいちょう切りにし、ごぼうはささがきにして水にさらす。
❷ こんにゃくは熱湯で1～2分ゆでてアクを抜き、短冊切りにする。豆腐は1.5㎝の角切りにする。
❸ 鍋にだしを入れて煮立て、❶を煮る。アクをとり、野菜にほぼ火が通ったら❷とねぎを加えてひと煮し、みそをとき入れる。器に盛り、七味とうがらしを振る。（貴堂）

けんちん汁

油揚げを加えて
うまみをアップ!

材料（2人分）

木綿豆腐……150g
大根……40g
こんにゃく……30g
にんじん……20g
油揚げ……1/4枚
生しいたけ……1個
ごま油……小さじ1
だし……360㎖
A 塩……小さじ1/2
A うすくちしょうゆ……小さじ2/3
ねぎ(斜め薄切り)……適量

エネルギー 95kcal	糖質 2.3g
食物繊維 2.0g	食塩相当量 2.0g

作り方

❶ 豆腐は重しをのせて軽く水きりし、キッチンペーパーに包んであらくつぶす。
❷ 大根、にんじん、こんにゃく、油揚げは短冊切りにし、しいたけは薄切りにする。
❸ 鍋に油を熱して❷をいため、全体に油が回ったら豆腐も加えていためる。だしを加えて煮立て、アクをとり除いて弱火で煮る。野菜がやわらかく煮えたらAで調味し、ねぎを散らす。（松本）

減塩につながるだしのとり方

汁物や煮物はだしをきかせると薄味でもおいしく仕上がります。

かつおだし（一番だし）

和食の基本といえるだし。汁物や煮物に

材料と作り方（作りやすい分量）

❶ 鍋に**水1.2ℓ**と**こんぶ10×5㎝角1枚**を入れ、1時間以上おく。弱火にかけ、こまかい泡が出てきたら、こんぶをとり出す。
❷ **削りがつお20～30g**を加えて中火にし、煮立ったら弱火で1分ほど煮る。火を止め、5分ほどおいてこす。（兎兎工房）

ミネストローネ

ハムをソーセージにかえても

材料（2人分）

- 玉ねぎ（1㎝角）……40g
- トマト……40g
- じゃがいも、にんじん、キャベツ（1㎝角）…各20g
- ロースハム……1/2枚
- さやいんげん（1㎝長さに切る）……1本
- マカロニ（乾燥）……5g
- にんにく（みじん切り）…少々
- オリーブ油……小さじ1
- A
  - 固形コンソメ……1個
  - 水……1と1/2カップ

エネルギー 70kcal	糖質 8.7g
食物繊維 2.2g	食塩相当量 1.2g

作り方

❶ トマトは皮を湯むきして種をとり、ざく切りにする。

❷ 鍋に油とにんにくを入れて弱火にかけ、香りが出たら玉ねぎとハムを入れ、玉ねぎが透き通るまでいためる。

❸ ❷にかたい野菜から順に加えていため、油が回ったらAのスープとマカロニを入れ、弱火で20〜25分煮る。

（貴堂）

つぶしブロッコリーのスープ

やわらかいブロッコリーでほどよいとろみを

材料（2人分）

- ブロッコリー（小房に分ける）……1/3個分
- バター……小さじ1
- A
  - 水、牛乳……各1カップ
  - 顆粒コンソメ……小さじ1/2
  - 塩……小さじ1/3
  - こしょう……適量
- 粉チーズ（好みで）……適宜

エネルギー 94kcal	糖質 5.9g
食物繊維 1.8g	食塩相当量 1.5g

作り方

❶ 鍋にバターを熱してブロッコリーを入れ、弱めの中火で1分30秒ほどいためる。

❷ Aを加えてやわらかく煮て、鍋の中でブロッコリーをあらくつぶす。

❸ 器に盛り、粉チーズを振る。

（堤）

水だし

煮出すだしより
すっきりとした味わいです

材料と作り方（作りやすい分量）

❶ **煮干し8〜10尾（20〜30g）**は頭とはらわたをとり、**こんぶ10㎝角1枚**は表面をふく。

❷ ポット（麦茶用など）に**水0.5ℓ**、❶を入れ、冷蔵庫で2〜3時間おく。

（兎兎工房）

煮干しだし

和風料理のほか、
エスニック料理にも合う

材料と作り方（作りやすい分量）

❶ **煮干し8〜10尾（20〜30g）**は頭とはらわたをとり、**こんぶ10㎝角1枚**は表面をふく。

❷ 鍋に**水1ℓ**、❶を入れて火にかけ、煮立ったらアクをとり除き、煮立たない程度の弱火で10分ほど煮てこす。

（兎兎工房）

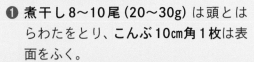

わかめとねぎのスープ

材料（2人分）

カットわかめ（乾燥）……4g
ねぎ……6cm
A ┌水……1と1/2カップ
A │鶏ガラスープのもと……小さじ1と1/3
こしょう……少々
すり白ごま‥小さじ1/2

作り方

❶ わかめは水でもどしておく。ねぎは斜め薄切りにする。
❷ 鍋にAを入れて火にかけ、煮立ったら❶を加えてひと煮し、こしょうで味をととのえる。器に盛り、ごまを振る。（貴堂）

エネルギー	14kcal	糖質	1.0g
食物繊維	1.0g	食塩相当量	1.0g

ねぎなどの
香味野菜を
使って減塩を

まいたけのお吸い物

材料（2人分）

まいたけ……50g
A ┌だし……2カップ
A │酒……大さじ1
A │うすくちしょうゆ……小さじ2
塩……適量

作り方

❶ まいたけは石づきをとり、ほぐす。
❷ 鍋にAを入れて火にかけ、煮立ったら❶を加えて煮る。
❸ まいたけに火が通ったら、塩で味をととのえる。（堤）

エネルギー	14kcal	糖質	1.5g
食物繊維	0.9g	食塩相当量	1.4g

まいたけのまろやかで
コクのある味わいを生かして

あさりのすまし汁

材料（2人分）

あさり（殻つき）……6〜8個
ねぎ（白い部分）……20g
塩……小さじ1/3弱

作り方

❶ あさりは砂抜きしておく。ねぎはごく細いせん切りにし、水にさらして水けをきる。
❷ 鍋にあさりと水1と1/2カップを入れ、中火にかける。煮立ったらアクをとり除き、塩で味をととのえる。貝の口が開いたら火を止める。
❸ 器に盛り、❶のねぎを添える。（貴堂）

エネルギー	6kcal	糖質	0.6g
食物繊維	0.3g	食塩相当量	1.1g

貝類は
エネルギーが
低く、うまみ
たっぷり

4章

低糖質の主食

ご飯ものやめん類、パンなどの主食を 20 品紹介します。たんぱく質源となる肉や魚介や、野菜なども使っているので、主菜や副菜も兼ねている場合もあります。エネルギー量を見て、選びましょう。1 品で栄養満点なので、忙しいときにぴったりです。

栄養データ

エネルギー、糖質、たんぱく質、食物繊維、食塩相当量を表示。いずれも断りがない場合は、1 人分（1 食分）のめやすです。

材料の分量

2 人分が基本ですが、一部は作りやすい分量となっています。1 人分作る場合は半量をめやすに減らします。

たっぷり野菜で、ご飯の量を極力減らす

ナムルご飯

材料（2人分）

ご飯……160g
温泉卵……2個
もやし……200g
小松菜……1/3束
ぜんまい（水煮）……100g
にんじん……4㎝
塩……少々

A
- おろしにんにく……少々
- ごま油……小さじ4
- すり白ごま……小さじ4
- しょうゆ……小さじ2
- 塩、こしょう……各少々

作り方

❶ もやしはひげ根をとり、小松菜は3㎝長さに切る。ぜんまいは食べやすい長さに切り、にんじんは細く切る。

❷ 鍋に湯を沸かして塩を加え、❶をそれぞれさっとゆで、ざるに上げて水けをきる。ボウルに移し、Aを加えてまぜる。

❸ 器にご飯を盛り、❷と温泉卵をのせる。（堤）

エネルギー	糖質	たんぱく質	食物繊維	食塩相当量
335kcal	33.3g	12.6g	6.4g	1.4g

ご飯を鶏肉のスープでお茶漬け風に食べる

鶏飯

材料（2人分）

ご飯……200g
鶏胸肉……1枚
ねぎ（青い部分）…1本分
塩……小さじ1/2
酒……大さじ2

A
- 水（蒸し鶏の汁と合わせて）……2カップ
- 鶏ガラスープのもと……小さじ1/3

B
- みりん……小さじ2
- しょうゆ……小さじ1

ラディッシュ（薄切り）……2個分
刻みのり……適量
いり白ごま……適量

作り方

❶ 鶏肉は塩をすり込み、耐熱皿にのせる。酒を振ってねぎをのせ、ふんわりとラップをかけて電子レンジで5分加熱する。そのまま5分おいて蒸らし、ほぐす。

❷ 鍋にAを入れて火にかけ、煮立ったらBで味をととのえる。

❸ 器にご飯を盛り、鶏肉、ラディッシュ、刻みのりをのせて❷のスープをかけ、ごまを振る。（堤）

エネルギー	糖質	たんぱく質	食物繊維	食塩相当量
358kcal	39.7g	32.9g	1.7g	2.3g

米の量を少なくし、カリフラワーをたっぷりと

カリフラワーのリゾット

エネルギー	糖質	たんぱく質	食物繊維	食塩相当量
228kcal	21.7g	6.0g	1.4g	1.7g

材料（作りやすい分量・2〜3人分）

米……1/2合
カリフラワー（ざく切り）……1/3個分
玉ねぎ（あらいみじん切り）……1/4個分
ハム（あらいみじん切り）……1枚分
オリーブ油……大さじ1
白ワイン……大さじ1
A［湯……1と1/2カップ
　顆粒コンソメ……小さじ1/2］
B［塩……小さじ1/2
　こしょう……適量］
C［粉チーズ 大さじ3
　バター……大さじ2］
レモンの皮（細切り）……1/2個分

作り方

❶ 鍋に油を熱し、玉ねぎとハムを入れていためる。玉ねぎがしんなりしたら米を洗わずに加え、さっといため合わせる。

❷ 白ワインを振り入れ、Aのスープの半量を加えて煮る。全体に水分が入ったら、残りのスープを2〜3回に分けて加え、焦げつかないようにときどきまぜながら17〜20分煮る。

❸ Bで味をととのえ、カリフラワー、Cを加えて5分ほど煮て、レモンの皮を加える。（堤）

レタスがたっぷり！　シャキシャキ食感を楽しんで！

鮭とレタスのチャーハン

エネルギー	糖質	たんぱく質	食物繊維	食塩相当量
325kcal	56.7g	4.9g	3.4g	1.2g

材料（2人分）

ご飯（または胚芽ご飯）……300g
鮭フレーク（市販）……40g
レタス（ざく切り）……4枚分
ねぎ（あらいみじん切り）……1/2本分
植物油……小さじ4
A［酒……小さじ4
　しょうゆ……小さじ2
　塩、こしょう……各少々］

作り方

❶ フライパンを熱して油をなじませ、ねぎを入れていためる。香りが出たらご飯、鮭フレークの順に加え、ご飯をほぐすようにいためる。

❷ ご飯がポロポロとほぐれたらAを回し入れて調味し、火を止めてからレタスを加えてまぜる。（貴堂）

だしをたっぷり入れて卵を半熟に仕上げると、1人分卵1個でも大満足

きのこ入り親子丼

材料（2人分）

ご飯……300g
鶏胸肉……60g
とき卵……2個分
まいたけ……60g
生しいたけ……4個
玉ねぎ（薄切り）……1/3個分

A
- だし……160㎖
- みりん、しょうゆ……各小さじ4
- 砂糖……小ひとつまみ

三つ葉（ざく切り）……適量

作り方

1. 鶏肉は一口大のそぎ切りにする。
2. まいたけはほぐし、しいたけは石づきをとって薄切りにする。
3. 小鍋にAを合わせ、玉ねぎを加えて中火にかける。煮立ったら鶏肉と❷を加え、肉に火が通ったらとき卵を流し入れ、蓋をして半熟状に火を通す。三つ葉を加えて火からおろす。
4. 器にご飯を盛り、❸を煮汁ごとかける。（貴堂）

エネルギー	糖質	たんぱく質	食物繊維	食塩相当量
397kcal	63.4g	19.3g	5.3g	2.1g

夏野菜を煮込むだけのやさしい味わい

野菜のカレー

材料（2人分）

玄米ご飯……260g

A
- なす（大きめの角切り）……1個分
- ズッキーニ（大きめの角切り）……1/2本分
- パプリカ（黄・大きめの角切り）……1個分
- 玉ねぎ（大きめの角切り）……1/2個分
- 合いびき肉……50g

トマト（大きめの角切り）……1個分
にんにく（みじん切り）……1/2かけ分

B
- カレー粉……大さじ1
- ガラムマサラ……小さじ2

オリーブ油、塩、こしょう、サニーレタス、スプラウト、カイエンヌペッパー……各適量

作り方

1. 鍋に油とにんにくを入れていため、Aを加えていため合わせる。軽く塩、こしょうを振ってBとトマトを加え、蓋をして蒸し煮にする。
2. 塩、こしょう各少々で調味し、ご飯にかける。サニーレタスとスプラウトを添え、カイエンヌペッパーを振る。（兎兎工房）

エネルギー	糖質	たんぱく質	食物繊維	食塩相当量
355kcal	58.4g	11.6g	8.1g	0.5g

しっかりいためて、玉ねぎの甘みを生かす

ハヤシライス

材料（2人分）

ご飯……300g
豚ヒレ肉……120g
玉ねぎ（薄切り）……1個分
マッシュルーム（縦四つ割り）……4個分
塩、黒こしょう……各少々
小麦粉……適量
A ┌ にんにく（薄切り）……1かけ分
　 └ バター（食塩不使用）……小さじ2
B ┌ 水……1カップ
　 │ 固形コンソメ（ビーフ）……1/2個
　 │ トマトケチャップ……大さじ2
　 └ ウスターソース……小さじ2
牛乳……50mℓ
酢（あればバルサミコ酢）……小さじ2
パセリ（みじん切り）……適量

エネルギー	糖質	たんぱく質	食物繊維	食塩相当量
440kcal	73.7g	20.5g	4.7g	2.0g

作り方

❶ 豚肉は食べやすい大きさに切り、塩と黒こしょうを振り、全体に小麦粉を薄くまぶす。

❷ 鍋にAを入れて弱火にかけ、香りが出たら、玉ねぎ、マッシュルーム、❶、小麦粉小さじ1の順に加え、中火でいためる。

❸ 玉ねぎがしんなりとしたら、Bを加える。煮立ったら火を弱め、ときどきまぜながら20分ほど煮る。とろみがついたら牛乳と酢を加えて、さらに5分ほど煮る。

❹ 器にご飯を盛り、❸をかけ、パセリを振る。（貴堂）

野菜はほうれんそうやもやしのナムル、貝割れ菜などでも

韓国風のり巻き

材料（2人分・2本分）

雑穀ご飯……300g
※米1合に対し、雑穀ミックス30gを加えて炊いたもの。
牛薄切り肉……50g
にんじん（せん切り）……1/4本分
さやいんげん……3～4本
焼きのり……2枚
焼き肉のたれ（市販）……小さじ1
ごま油、塩、いり白ごま……各適量

エネルギー	糖質	たんぱく質	食物繊維	食塩相当量
359kcal	53.6g	11.1g	2.9g	0.8g

作り方

❶ 牛肉は食べやすく切る。にんじんはさっとゆで、油、塩各少々をまぜる。いんげんはさっとゆでて斜め切りにする。

❷ フライパンに油少々を熱し、牛肉をいためてたれで調味する。

❸ 巻きすにのり1枚を敷き、ハケで油少々を塗り、塩少々を振る。ご飯半量をのせて広げ、❶の野菜と❷を半量ずつのせ、ごまを振って同様に2本巻く。（兎兎工房）

そばは腹もちがよいので、めんメニューを選ぶならおすすめ！

焼き油揚げ入りそば

材料（2人分）

- ゆでそば……2玉（400g）
- 油揚げ……1枚
- 大根おろし……80g
- 貝割れ菜（長さを半分に切る）……60g
- ねぎ（小口切り）……20g
- めんつゆ（ストレートタイプ）……300㎖
- 削りがつお、いり白ごま……各適量

作り方

1. そばは流水でよく洗い、水けをしっかりときる。
2. 油揚げはグリル（またはフライパン）に入れ、両面を焼く。こんがりと焼き色がついたら、短冊切りにする。
3. ❶を器に盛り、❷、大根おろしと貝割れ菜、ねぎ、削りがつおを彩りよくのせてめんつゆをかけ、ごまを振る。（貴堂）

エネルギー	糖質	たんぱく質	食物繊維	食塩相当量
357kcal	54.8g	15.8g	7.4g	2.5g

にらともやしでボリュームアップ

にらたっぷり中華そば

材料（2人分）

- 中華めん（生めん）……1玉（110g）
- 豚バラ薄切り肉（7㎜幅に切る）……150g
- にら（5㎜幅に切る）……1束分
- もやし……200g
- にんにく、しょうが（各みじん切り）…各小さじ1
- 塩、こしょう……各少々
- ごま油……小さじ2
- A
  - 水……4カップ
  - 鶏ガラスープのもと……小さじ1/2
- B
  - しょうゆ……大さじ1
  - 酒、オイスターソース……各大さじ1/2
  - 塩……小さじ1/3
- 黒こしょう……適量

作り方

1. もやしはひげ根をとり除き、めんとともにゆでて湯をきっておく。豚肉は塩、こしょうを振る。
2. 鍋に油を熱し、にんにくとしょうがを入れて弱火でいためる。香りが出たら豚肉を加え、中火で脂が出てくるまで2分ほどいためる。
3. ❷にAのスープを加え、煮立ったらアクをとり除く。再び煮立ったらBで味をととのえ、最後ににらを加えてさっと煮る。
4. ❶のめんともやしを器に盛り、❸をかけ、黒こしょうを振る。（堤）

エネルギー	糖質	たんぱく質	食物繊維	食塩相当量
487kcal	32.1g	19.3g	5.7g	3.7g

糖質が多い中華めんはえのきでカサ増しを

シーフードカレー風味やきそば

エネルギー	糖質	たんぱく質	食物繊維	食塩相当量
250kcal	28.6g	12.8g	5.0g	2.4g

材料（2人分）

中華めん（焼きそば用）……1袋（150g）
えのきたけ……100g
ピーマン（せん切り）……2個分
冷凍シーフードミックス……150g
植物油……大さじ1
A ぬるま湯……大さじ6
A 鶏ガラスープのもと……小さじ2
A カレー粉……小さじ1/2

作り方

1. 中華めんは袋のまま電子レンジで1分加熱する。えのきは根を落とし、長さを半分に切る。
2. フライパンに油を中火で熱し、1を入れていため、油が回ったらピーマン、凍ったままのシーフードミックスを加えていためる。
3. シーフードミックスの色が変わったら、合わせたAを加え、汁けがなくなり、焼き目がつくまでいためる。

（牧野）

フォーを、低エネルギーで食物繊維が豊富なしらたきで代用！

しらたきのエスニックめん

エネルギー	糖質	たんぱく質	食物繊維	食塩相当量
270kcal	3.5g	17.6g	5.5g	3.3g

材料（2人分）

しらたき……1玉（200g）
豚ひき肉……100g
厚揚げ……1/2枚（100g）
もやし……200g
きゅうり……1本
香菜（2cm長さ）…2株分
塩……適量

A 赤とうがらし……1本
A にんにく（みじん切り）……1/2かけ分
A 酢……大さじ2
A ナンプラー、オリーブ油……各大さじ1
A 塩……小さじ1/3
A こしょう……適量

作り方

1. 厚揚げは7㎜角の棒状に切り、もやしはひげ根をとり除く。
2. きゅうりは縦半分に切って斜め薄切りにし、軽く塩もみし、水けをしぼる。
3. Aは大きめのボウルに合わせておく。
4. 鍋に湯を沸かして塩少々を加え、しらたき、1、ひき肉を入れて1分30秒ほどゆでる。ざるに上げて水けをきる。あたたかいうちに3に加えてあえ、あら熱がとれたら2、香菜も加えてあえる。

（堤）

めんつゆも手作りして糖質をカット！

野菜たっぷり納豆そば

エネルギー	糖質	たんぱく質	食物繊維	食塩相当量
255kcal	23.4g	18.2g	5.9g	2.4g

材料（2人分）

そば（乾）……40g
納豆……2パック（80g）
ボイルえび……4尾
A
- みょうが（せん切り）……2個分
- 大根（せん切り）……2cm
- レタス（せん切り）……2枚分
- 貝割れ菜（長さを半分に切る）……25g

B
- 水……1/2カップ
- しょうゆ……大さじ2
- 黒酢……大さじ1と1/2
- みりん、ごま油……各大さじ1
- 鶏ガラスープのもと……小さじ1/3

作り方

❶ そばは表示どおりにゆでて冷水でしめ、水けをきる。

❷ 納豆はかきまぜ、えびは食べやすく切る。

❸ Bは合わせてまぜる。

❹ そばとAをあえて器に盛り、❷をのせ、❸のつゆをかける。（堤）

根菜がたっぷり入っているので、食物繊維がとれます

けんちんうどん

エネルギー	糖質	たんぱく質	食物繊維	食塩相当量
303kcal	52.3g	10.9g	7.5g	2.1g

材料（2人分）

ゆでうどん……2玉（400g）
大根（いちょう切り）……100g
にんじん（いちょう切り）……60g
ごぼう（ささがき）……60g
生しいたけ（薄切り）……4個分
油揚げ（細切り）……1枚分
だし……4カップ
A
- みりん、しょうゆ……各大さじ2
- 塩……少々

小ねぎ（小口切り）……4本分

作り方

❶ 鍋にだし、大根、にんじん、ごぼう、しいたけ、油揚げを入れ、中火で蓋をして野菜がやわらかくなるまで煮て、Aで調味する。

❷ うどんは熱湯にくぐらせて湯をきり、器に盛る。熱々の❶を注ぎ、小ねぎを散らす。（伊藤）

エリンギはパスタにからみやすいように細く裂いて

鶏肉と小松菜のペペロンチーノ

エネルギー	糖質	たんぱく質	食物繊維	食塩相当量
396kcal	36.2g	20.3g	5.5g	1.6g

材料（2人分）

- スパゲッティ……100g
- エリンギ……100g
- 鶏もも肉（細切り）……150g
- にんにく（みじん切り）……大1かけ分
- 小松菜（ざく切り）……2株分
- オリーブ油……大さじ1
- 赤とうがらし……1本

作り方

❶ エリンギは細く裂いて長さを半分に切る。赤とうがらしは斜め半分に切って、種をとる。

❷ 鍋に湯1.5ℓを沸かして塩小さじ2と1/2（分量外）を加え、パスタを袋の表示時間どおりにゆでる。ゆで時間の残り2分でエリンギを加え、1分早くゆで上げる。

❸ フライパンに油、にんにく、赤とうがらしを入れて弱火でいため、にんにくが色づいて香りが出たら、赤とうがらしをとり出し、鶏肉を加えていためる。肉が白っぽくなったら小松菜を加えていため、しんなりしたら、❷のゆで汁をお玉2～3杯加える。

❹ ❸に❷を加えてあえ、器に盛る。（牧野）

ショートパスタはボリューム感があり、かみごたえもあるのでおすすめ

ツナとトマトのペンネ

エネルギー	糖質	たんぱく質	食物繊維	食塩相当量
423kcal	62.2g	18.8g	6.8g	1.7g

材料（2人分）

- ペンネ……160g
- トマト（2cm角に切る）……小2個分
- キャベツ（適当な大きさにちぎる）……100g
- ツナ水煮缶……80g
- にんにく（みじん切り）……1かけ分
- オリーブ油……小さじ4
- 白ワイン……大さじ1
- 塩……小さじ1/2
- こしょう……少々
- 粉チーズ……少々

作り方

❶ 鍋にたっぷりの湯を沸かし、パスタを袋の表示時間どおりにゆでる（塩を加えない）。ゆで上がる直前にキャベツを加える。

❷ フライパンに油とにんにくを入れて弱火にかけ、香りが出たらトマトを加えていためる。ツナと白ワインも加え、途中水分がなくなったらゆで汁を足して、とろみがつくまで煮詰める。

❸ ❶のパスタがゆで上がったらキャベツとともに水けをきり、❷に加えて手早くいため合わせ、塩、こしょうで味をととのえる。器に盛り、粉チーズをかける。（貴堂）

具だくさんなラタトゥイユをのせて！ チーズもOK！

ピザトースト

材料（2人分）

ライ麦食パン（6枚切り）……2枚（120g）
きのこ入りラタトゥイユ（P88下掲載）……100g
ピザ用チーズ……40g

作り方

1. パンにきのこ入りラタトゥイユを広げてのせる。
2. チーズを散らして、オーブントースターで焼き色がつくまで10分焼く。（牧野）

エネルギー	糖質	たんぱく質	食物繊維	食塩相当量
244kcal	31.7g	9.2g	4.5g	1.4g

パンをサラダ仕立てにして、ボリュームアップ

パンサラダ

材料（2人分）

ライ麦食パン（6枚切り）……2枚（120g）
ブロッコリー……100g
アボカド（さいの目切り）……1/2個分
ミニトマト（半分に切る）……6個分
温泉卵……2個
A フレンチドレッシング（市販）……大さじ2
A 粉チーズ……大さじ1
A あらびき黒こしょう……少々

作り方

1. 食パンはトーストし、食べやすく切る。ブロッコリーは小房に分け、ゆでる。
2. 器に❶、アボカド、ミニトマトを盛り合わせ、温泉卵をのせる。
3. Aを合わせ、❷にかける。あえながら食べる。（牧野）

エネルギー	糖質	たんぱく質	食物繊維	食塩相当量
373kcal	33.7g	13.6g	8.3g	2.0g

スプラウトはさば缶とまぜると、かさが減って食べやすい

さばサンドイッチ

エネルギー	糖質	たんぱく質	食物繊維	食塩相当量
428kcal	43.7g	21.4g	5.5g	2.3g

材料（2人分）

ライ麦食パン（8枚切り）……4枚（180g）
A［マヨネーズ……小さじ2
　 マスタード……小さじ1
さば水煮缶……1缶（190g）
ブロッコリースーパースプラウト……50g
フレンチドレッシング（市販）……小さじ2

作り方

❶ パンはトーストし、合わせたAを塗る。さば水煮は汁けをきる。
❷ スプラウトにドレッシングをなじませ、しんなりしたら、さばをくずしながら加えてまぜる。
❸ パンに❷をのせ、もう1枚のパンではさみ、重しなどをのせてなじませ、食べやすく切る。

（牧野）

市販のサラダチキンを活用するからお手軽

サラダチキンとなすのサンドイッチ

エネルギー	糖質	たんぱく質	食物繊維	食塩相当量
350kcal	29.6g	16.7g	4.3g	1.8g

材料（2人分）

ライ麦パン（楕円のタイプ）……4枚（120g）
サラダチキン（そぎ切り）……1パック（100g）
なす（縦に薄切り）……1本分
サラダ菜……2枚
A［おろしにんにく……少々
　 マヨネーズ……大さじ2
オリーブ油……大さじ1
塩、こしょう……各少々

作り方

❶ Aを合わせ、パンに塗る。
❷ フライパンに油を中火で熱し、なすをこんがりと両面焼き、塩、こしょうを振ってとり出す。
❸ パンにサラダ菜、サラダチキン、なすの順にのせ、もう1枚のパンではさむ。（牧野）

主食の カサ増し術

ご飯やめん類といった主食をもう少し食べたい人におすすめなのが、ほかの食材をまぜたカサ増し。食物繊維が豊富な食材でカサ増しするので、血糖コントロールにも◎。

ご飯 編

※ご飯の栄養価は、1人分(150g)あたりです。

保存 1食分ずつラップに包み、冷凍で約1カ月。

えのきご飯

●材料と作り方（炊き上がり465g）

❶米1合は洗ってざるに上げる。えのきたけ150gはみじん切りにする。

❷炊飯器の内がまに❶の米を入れ、1合の目盛りまで水を加え、えのきをのせて普通に炊く。炊き上がったら全体をまぜる。

エネルギー		
182kcal	糖質	39.1g
	食物繊維	2.1g
	食塩相当量	0g

カリフラワーご飯

●材料と作り方（炊き上がり470g）

❶米1合は洗ってざるに上げる。カリフラワー150gはあらいみじん切りにする。

❷炊飯器の内がまに❶の米を入れ、1合の目盛りまで水を加え、カリフラワーをのせて普通に炊く。炊き上がったら全体をまぜる。

エネルギー		
177kcal	糖質	38.0g
	食物繊維	1.6g
	食塩相当量	0g

切り干し大根ご飯

●材料と作り方（炊き上がり400g）

❶切り干し大根（乾燥）15gは水でもどし、軽く水けをきり、こまかく刻む。米1合は洗ってざるに上げる。

❷炊飯器の内がまに❶の米を入れ、1合の目盛りまで水を加え、切り干し大根をのせて普通に炊く。炊き上がったら全体をまぜる。

エネルギー		
208kcal	糖質	46.1g
	食物繊維	1.5g
	食塩相当量	0g

めん類 編

保存 1食分ずつラップに包み、冷凍で約1カ月。

えのきスパゲッティ

●材料と作り方（1人分）

❶えのきたけ50gはほぐす。

❷スパゲッティ50gは塩少々を加えたたっぷりの湯で袋の表示時間どおりにゆでる。残り1分になったら、えのきも加えてゆでる。

エネルギー		
191kcal	糖質	35.7g
	食物繊維	4.7g
	食塩相当量	1.0g

えのきうどん

●材料と作り方（1人分）

❶えのきたけ100gはほぐす。

❷うどん（乾）1/2玉（100g）とえのきはたっぷりの湯でうどんの袋の表示時間どおりにゆでる。

エネルギー		
129kcal	糖質	24.0g
	食物繊維	5.2g
	食塩相当量	0.3g

エリンギペンネ

●材料と作り方（1人分）

❶エリンギ50gはペンネと同じ大きさ、形に切る。

❷ペンネ50gは塩少々を加えたたっぷりの湯で袋の表示時間どおりにゆでる。残り1分になったら、エリンギも加えてゆでる。

エネルギー		
189kcal	糖質	35.2g
	食物繊維	4.4g
	食塩相当量	1.0g

料理：牧野

5章

低糖質の作りおき

食事療法は毎日欠かせないので、作りおきがあると重宝します。作りおきに向いているおかずは、お弁当にも活用可能！　作りおきはそのまま食べるのはもちろんですが、飽きがこないようにアレンジ方法も紹介しています。

栄養データ

エネルギー、糖質、たんぱく質、食物繊維、食塩相当量を表示。いずれも断りがない場合は、1人分（1食分）のめやすです。

材料の分量

作りおきに適した量が基本です。作りおきしたものを展開する料理は、1人分を基本としています。2人分作る場合は倍をめやすに増やします。

保存方法

* 冷蔵、冷凍のどちらの場合も料理は冷ましてから保存容器、袋に入れましょう。
* 保存容器、袋は清潔なものを使いましょう。
* 冷凍は特に指定のないものは、1～2食分（1回に食べる分）に分けると使いやすく、冷凍・解凍が早いのでおすすめです。保存袋の場合は平らにしておくと、使いたい分量を折って使うこともできます。

まいたけ、ごぼうで
ボリューム&かみごたえアップ!

豚肉、まいたけ、ごぼうのしぐれ煮

材料（2人分×2回）

豚こまぎれ肉……300g
まいたけ（ほぐす）……200g
ごぼう（ささがき）……100g
しょうが（みじん切り）……1かけ分
植物油……大さじ1
A だし……1カップ
A しょうゆ、みりん、酒……各大さじ1と1/2

作り方

1. フライパンに油、しょうがを入れ、弱火でいため、香りが出たらごぼうを加えていため、しんなりしたら、豚肉を加えて、色が変わるまでいためる。
2. まいたけ、Aを加え、落とし蓋をして汁けが少なくなるまで弱めの中火で10分煮る。

（牧野）

保存 汁ごと保存容器や袋に入れ、冷蔵3～4日、冷凍で約1カ月。

エネルギー	糖質	たんぱく質	食物繊維	食塩相当量
255kcal	7.4g	14.3g	3.3g	1.2g

作りおきのPoint ごぼうに豚肉のうまみがなじんでおいしい。不足しがちな食物繊維をきのこ、ごぼうで補います。

鮭をかじきやさわら、ぶりにかえてもおいしい

鮭のホイコーロー風

材料（2人分×2回）

- 生鮭（そぎ切り）……4切れ分
- キャベツ（ざく切り）……150g
- ピーマン（乱切り）……4個分
- ねぎ（斜め切り）……1本分
- しめじ（ほぐす）……200g
- 植物油……大さじ2
- A
  - おろしにんにく……少々
  - みそ……大さじ2
  - 酒、砂糖……各大さじ1
  - 豆板醤……小さじ1/2

作り方

1. フライパンに油大さじ1を中火で熱し、鮭を入れて両面を焼いてとり出す。
2. Aを合わせておく。
3. 1のフライパンに油大さじ1を足して、野菜ときのこをいため、蓋をして弱火で4分蒸し煮にする。蓋をとって中火で水けをとばし、1の鮭を戻し入れて2を加えてからめる。

（牧野）

保存　汁ごと保存容器や袋に入れ、冷蔵3～4日、冷凍で約1カ月。

エネルギー	糖質	たんぱく質	食物繊維	食塩相当量
237kcal	8.4g	21.5g	3.8g	1.5g

作りおきのPoint　魚と野菜がいっしょにとれるレシピ。作っておくと副菜がないときでも野菜が補えます。

ご飯、パン、めんなど主食を選ばず、どれでも合います

チリコンカン

材料（2人分×2回）

豚ひき肉……………………200g
蒸し大豆……………………90g
玉ねぎ（みじん切り）……………1/4個分
ホールトマト水煮缶（つぶす）
……………………1缶（400g）
にんにく（みじん切り）………… 1かけ分
オリーブ油……………………大さじ2
A ┌カレー粉……………………大さじ1
A │砂糖……………………小さじ1
A └塩……………………小さじ1/2

作り方

❶ フライパンに油、にんにく、玉ねぎを入れて弱火でいため、香りが出たらひき肉を加え、ポロポロになるまでいためる。

❷ 大豆、トマト水煮、Aを加え、まぜながら20分ほど煮る。
（牧野）

保存
汁ごと保存容器や袋に入れ、冷蔵3～4日、冷凍で約1カ月。

エネルギー	糖質	たんぱく質	食物繊維	食塩相当量
235kcal	6.1g	12.7g	4.5g	0.9g

作りおきのPoint
煮物はおいておくと、味がよくなじみます。蒸し大豆が入るので、たんぱく質量をキープしつつ食物繊維が補えます。

鉄分の宝庫、レバーを
しょうがと煮てストック！

鶏レバーのしぐれ煮

材料（作りやすい分量・6人分）

鶏レバー……300g

A
- しょうが（薄切り）……1かけ分
- 酒……大さじ2〜2と1/2

B
- 赤とうがらし（小口切り）……1/2本分
- しょうが（せん切り）……1かけ分
- 酒、水……各80㎖
- しょうゆ、みりん、きび砂糖……各大さじ2

作り方

❶ レバーは洗って血抜きし、脂や筋などを除き、一口大に切る。
❷ 鍋に湯を沸かしてAとレバーを入れ、1〜2分ゆでる。
❸ 鍋に❷とBを入れて煮立て、弱火にしてアクをとりながら15〜20分、煮汁がなくなるまで煮る。（兎兎工房）

保存　保存容器に入れ、冷蔵で1週間。

エネルギー	糖質	たんぱく質	食物繊維	食塩相当量
77kcal	7.4g	10.1g	0.1g	1.0g

コリコリッとした食感が
おいしい

砂肝の韓国風マリネ

材料（作りやすい分量・4人分）

砂肝……200g

A
- ねぎ（青い部分）……適量
- しょうが（薄切り）……1かけ分

B
- しょうが（薄切り）……1かけ分
- しょうゆ、酢、水……各大さじ1
- コチュジャン、ごま油……各小さじ1

糸とうがらし……適量

作り方

❶ 砂肝は下処理して洗い、食べやすく切る。
❷ 鍋に湯を沸かしてAと砂肝を入れ、4〜5分ゆでる。水けをきってBであえ、糸とうがらしを散らす。（兎兎工房）

保存　保存容器に入れ、冷蔵で4〜5日。

エネルギー	糖質	たんぱく質	食物繊維	食塩相当量
61kcal	0.6g	9.6g	0.2g	0.8g

豆腐やゆで野菜にかけたり、
ご飯にまぜてもおいしい

肉そぼろ

材料（作りやすい分量・6人分）

合いびき肉（または豚ひき肉）……300g
ごま油……大さじ1
しょうゆ……大さじ2〜3
黒こしょう……適量

作り方

❶ フライパンに油をなじませ、ひき肉を入れてポロポロとほぐれるまでよくいためる。
❷ ❶にしょうゆを加えてさらにいため、少ししっとりしたら黒こしょうを振る。

（兎兎工房）

保存　保存容器に入れ、冷蔵で4〜5日。保存袋に入れて冷凍で約2週間。※脂肪が多いのでキッチンペーパーでふきとってから保存しても。

エネルギー	糖質	たんぱく質	食物繊維	食塩相当量
142kcal	0.6g	9.1g	0g	1.0g

わかめのナムル

卵焼きの具にしたり、肉といため合わせたりしても

材料（作りやすい分量・6人分）

わかめ（塩蔵）……50g
ズッキーニ……1本
ねぎ（みじん切り）……10cm分
塩……少々
ごま油……大さじ1
A ┌おろしにんにく……少々
　└しょうゆ、酒……各大さじ1/2
すり白ごま……大さじ1

作り方

❶ わかめはもどして食べやすく切る。ズッキーニは薄い輪切りにして、塩もみして水けをしぼる。

❷ フライパンに油、ねぎを中火でいため、香りが出たら❶を加え、いためてAを加えてなじむようにいため、ごまを加えてあえる。（牧野）

保存 保存容器や袋に入れ、冷蔵3～4日、冷凍で約1カ月。

作りおきのPoint 毎日とりづらい海藻類が常備できます。

エネルギー	糖質	たんぱく質	食物繊維	食塩相当量
35kcal	0.9g	0.8g	0.9g	0.5g

きのこ入りラタトゥイユ

そのまま食べるだけでなく、肉や魚のソテーやオムレツのソースにも◎

材料（作りやすい分量・8人分）

トマト（刻む）……2個分
パプリカ（赤、黄・1cm角さいの目切り）……各1個分
ズッキーニ（1cm角さいの目切り）……1本分
なす（1cm角さいの目切り）……1本分
しめじ（ほぐして長さを3等分くらいに切る）……100g
玉ねぎ（あらいみじん切り）……1/2個分
にんにく（みじん切り）……1かけ分
オリーブ油……大さじ1
A ┌塩……小さじ1
　└ドライハーブ（バジル、オレガノ、タイムなど）……少々

作り方

❶ フライパンに玉ねぎ、にんにく、油を中火で熱していため、玉ねぎがしんなりしたら、トマト以外の野菜、きのこを入れていためる。油が全体に回ったら蓋をして弱火で10分蒸し煮にする。

❷ トマト、Aを加えてまぜ、汁けがほとんどなくなるまで10分ほど煮る。（牧野）

作りおきのPoint 温かくても、冷たくしてもおいしい一品です。ご飯、パン、めんなどどれにでも合い、食べる時間帯（朝、昼、夜）も選びません。

保存 汁ごと保存容器や袋に入れ、冷蔵3～4日、冷凍で約1カ月。

エネルギー	糖質	たんぱく質	食物繊維	食塩相当量
45kcal	5.4g	1.0g	2.0g	0.7g

ゆで大豆

大豆はゆでておくと、さまざまな料理に活用できる！

材料（作りやすい分量）

大豆（乾燥）……………………200g

保存

ゆで汁ごと保存容器や袋に入れ、冷蔵1週間、冷凍約1カ月。

作り方

❶ 大豆は洗ってたっぷりの水に一晩ひたす。

❷ 鍋に❶をひたした水ごと入れて火にかけ、煮立ったらアクをとり、弱めの中火で30分ほどコトコトとゆでる。

❸ 火を止めてそのまま冷ます。

（兎兎工房）

1/10量

エネルギー	糖質	たんぱく質	食物繊維	食塩相当量
74kcal	1.6g	6.8g	4.3g	0g

大豆とれんこん、ひじきのきんぴら

ゆで大豆にひじきを加えてさらに栄養アップ

材料（作りやすい分量・4人分）

ゆで大豆（上記参照）
……………………1/2カップ
れんこん……………………150g
ひじき（乾燥）……………………3g
植物油……………………小さじ1

A
- 酒……………………大さじ2
- しょうゆ、みりん……………………各大さじ1
- 砂糖、酢……各小さじ1

保存 保存容器に入れ、冷蔵で4～5日。

作り方

❶ れんこんは大豆の大きさに合わせて小さく切り、ひじきは水でもどして水けをきり、長ければ食べやすく切る。

❷ フライパンに油を中火で熱して❶をいため、大豆も加えていため合わせ、Aを加えていため煮にする。

（兎兎工房）

エネルギー	糖質	たんぱく質	食物繊維	食塩相当量
75kcal	8.5g	3.7g	2.6g	0.7g

ひたし豆

青大豆で作ると色もきれいでおいしい

材料（作りやすい分量）

青大豆（乾燥）……………………200g

A
- だし……………………2カップ
- うすくちしょうゆ……………………小さじ1
- 塩……………………小さじ1/2
- みりん……………………少々

保存 ゆで汁ごと保存容器に入れ、冷蔵で1週間、冷凍で約1カ月。

作り方

❶ 青大豆はゆで大豆（上記参照）と同じようにゆでる。

❷ 鍋にAを入れて中火にかけ、ゆでた青大豆を加えてひと煮する。

（兎兎工房）

1/10量

エネルギー	糖質	たんぱく質	食物繊維	食塩相当量
72kcal	2.2g	6.9g	4.0g	0.4g

シンプルな味付けなので
アレンジ自在です

きのこのマリネ

材料（作りやすい分量・でき上がり580g）

しめじ（ほぐす）……………200g
まいたけ（ほぐす）……………200g
生しいたけ（厚めの薄切り）……4個分
にんにく（薄切り）……………小1かけ分
A［酢……………大さじ2
　 砂糖、塩……………各小さじ1
オリーブ油……………1/4カップ

作り方

1. 耐熱皿にきのこ、にんにくを入れてラップをふんわりかけ、電子レンジで5分加熱する。
2. Aを加えてなじませる。オリーブ油を加えてまぜ、あら熱がとれるまで漬ける。（牧野）

保存　汁ごと保存容器や袋に入れ、冷蔵4～5日、冷凍で約1カ月。

全量

エネルギー	糖質	たんぱく質	食物繊維	食塩相当量
538kcal	10.9g	7.0g	16.2g	6.0g

作りおきのPoint　毎日とりたいきのこ類を常備できます。アレンジしやすいので、重宝します。お弁当のおかずにも◎。

展開1　主食　えびときのこのペンネ

たっぷりきのこで
ボリュームUP

材料（1人分）

きのこのマリネ（右記参照）……120 g
ペンネ……50 g
むきえび……70 g
パセリ（みじん切り）……大さじ1
塩、あらびき黒こしょう……各少々

作り方

❶ 鍋に湯1.5ℓを沸かして塩小さじ2と1/2（分量外）を加え、パスタを袋の表示時間どおりにゆでる。同じ湯でえびをゆでてざるに上げる。

❷ パスタ、えび、きのこのマリネ、パセリを合わせてまぜ、塩で味をととのえ、黒こしょうを振る。　（牧野）

エネルギー	糖質	たんぱく質	食物繊維	食塩相当量
343kcal	36.6g	19.1g	6.3g	2.8g

展開2　主菜　ゆで豚ときのこのマリネ

さっぱりゆで豚と
きのこで栄養満点！

材料（1人分）

きのこのマリネ（右記参照）……120 g
豚しゃぶしゃぶ用肉……80 g
紫玉ねぎ……1/8個
しょうゆ……小さじ1

作り方

❶ 豚肉はゆでてざるに上げる。紫玉ねぎは薄切りにし、水にさらす。

❷ ボウルに❶、きのこのマリネ、しょうゆを入れてあえる。　（牧野）

エネルギー	糖質	たんぱく質	食物繊維	食塩相当量
305kcal	4.6g	15.7g	3.8g	2.2g

鶏ひき肉とひじきのそぼろ煮

材料（作りやすい分量・でき上がり 290g）

- 鶏ひき肉……200g
- 芽ひじき（乾燥）……15g
- ごま油……小さじ2
- A
  - だし……1/4カップ
  - しょうゆ……大さじ1と1/2
  - みりん・酒……各大さじ1

作り方

❶ ひじきは水につけてもどし、ざるに上げて水けをきる。

❷ フライパンに油を熱し、ひき肉をいためる。ポロポロになったら、ひじきを加えていためる。

❸ Aを加え、汁けがなくなるまで煮る。

（牧野）

保存　保存容器や袋に入れ、冷蔵3～4日、冷凍で約1カ月。

全量

エネルギー	糖質	たんぱく質	食物繊維	食塩相当量
485kcal	11.8g	32.1g	7.8g	4.5g

作りおきのPoint　鶏肉のうまみがひじきになじみます。毎日とりたい海藻類の常備におすすめです。

展開1 主菜 ひじきとそぼろ煮の卵とじ

卵でまとめると、
栄養満点！

材料（1人分）

鶏ひき肉とひじきのそぼろ煮（右記参照）……50 g
卵……1個
さやいんげん……2本
ごま油……小さじ1

作り方

❶ いんげんは斜めに切り、ラップで包んで電子レンジで1分加熱する。

❷ ボウルに卵をときほぐし、そぼろ煮、いんげんを加えてまぜる。

❸ フライパンに油を中火で熱し、❷を加えて大きくかきまぜ、卵が半熟状になったら火を止める。（牧野）

エネルギー	糖質	たんぱく質	食物繊維	食塩相当量
193kcal	2.6g	11.4g	1.7g	1.0g

展開2 主食 ひじきとそぼろ煮のまぜご飯

甘じょっぱい
そぼろは
ご飯と相性抜群！

材料（1人分）

鶏ひき肉とひじきのそぼろ煮（右記参照）……50 g
もち麦ご飯……150 g
※米1合にもち麦50 gを加えて炊いたもの。
三つ葉（ざく切り）……少々

作り方

❶ ご飯にそぼろ煮をまぜて器に盛り、三つ葉をのせる。（牧野）

エネルギー	糖質	たんぱく質	食物繊維	食塩相当量
317kcal	52.6g	9.9g	3.8g	0.8g

塩もみ ｜ 野菜は塩もみしておくと、便利！ どんな野菜でもOK

副菜

塩分控えめだから、しぼらなくてOK！

塩もみにんじん

材料（作りやすい分量・でき上がり300g）

にんじん……2本（300g）
塩……3g
※にんじんの重さの1％。

作り方

❶ にんじんはせん切りにする。
❷ 保存袋に❶、塩を入れてなじませる。（牧野）

保存 汁ごと保存袋に入れ、冷蔵で3日。

全量

エネルギー	糖質	たんぱく質	食物繊維	食塩相当量
90kcal	18.9g	1.8g	7.2g	3.3g

展開2

主菜

塩もみしてあると、
いため時間を短縮できます

にんじんしりしり

材料（2人分）

塩もみにんじん（上記参照）……100g
ツナ水煮缶……小1缶（70g）
小ねぎ（小口切り）……2本分
植物油……大さじ1/2

作り方

❶ フライパンに油を中火で熱し、塩もみにんじんをいため、にんじんがしんなりしたらツナ水煮、小ねぎを加え、なじむようにいためる。（牧野）

エネルギー	糖質	たんぱく質	食物繊維	食塩相当量
136kcal	3.3g	5.4g	1.3g	0.9g

展開1

副菜

塩もみしてあるので、
味がなじみやすい

にんじんの塩こんぶあえ

材料（2人分）

塩もみにんじん（上記参照）……100g
塩こんぶ……4g
ごま油……小さじ1

作り方

❶ 材料をすべてあえる。（牧野）

エネルギー	糖質	たんぱく質	食物繊維	食塩相当量
37kcal	3.6g	0.6g	1.5g	0.9g

保存

保存袋に入れ、冷凍で約1カ月。

全量

エネルギー	糖質	たんぱく質	食物繊維	食塩相当量
48kcal	6.7g	1.7g	5.5g	0g

冷凍野菜 | 野菜は冷凍しておくと、火通りがよいので時短に！

赤やオレンジ、黄色のカラーピーマンをまぜても

冷凍ピーマン

材料（作りやすい分量・でき上がり量240g）

ピーマン……8〜9個（240g）

作り方

❶ ピーマンは縦に細切りにする。

❷ 冷凍保存袋にピーマンの半量を入れて平たくならし、口を閉じる。もう1袋、同じようにして、冷凍する。（牧野）

展開1

主菜

簡単でおいしい！ ヘビロテ間違いなし

チンジャオロースー

材料（2人分）

冷凍ピーマン（上記参照）……1袋（120g）
豚こまぎれ肉……150g
塩……少々
植物油……小さじ2
A ┌おろしにんにく……少々
　 │オイスターソース……小さじ2
　 └酒……小さじ1

作り方

❶ 豚肉は細切りにして塩を振る。

❷ フライパンに油を中火で熱し、凍ったままのピーマンを加え、いためる。しんなりしたら豚肉を加えていため、色が変わったらAを回し入れる。（牧野）

エネルギー	糖質	たんぱく質	食物繊維	食塩相当量
241kcal	3.1g	13.7g	1.4g	1.0g

展開2

副菜

きんぴらも冷凍野菜で作ると味がなじみやすい

ピーマンのゆずこしょうきんぴら

材料（2人分）

冷凍ピーマン（上記参照）……1袋（120g）
植物油……小さじ2
A ┌しょうゆ、みりん、酒……各小さじ1
　 └ゆずこしょう……小さじ1/4
すり白ごま……少々

作り方

❶ フライパンに油を中火で熱し、凍ったままのピーマンを加え、いためる。

❷ Aを回し入れていため、ごまを振る。

（牧野）

エネルギー	糖質	たんぱく質	食物繊維	食塩相当量
57kcal	3.4g	0.7g	1.5g	0.6g

低糖質のデザート＆ジュース

甘いものが食べたい！　というときには、エネルギー量や糖質量がコントロールしやすい手作りスイーツを。食べる回数や量を守りましょう（24ページ参照）。

デザート

ゼリーには甘みをつけないのがポイント

コーヒーゼリー

材料（1人分）

コーヒー（無糖）……………………1カップ
粉ゼラチン……………………小さじ2弱
水……………………………………大さじ2
コンデンスミルク………………大さじ1

作り方

❶ 分量の水に粉ゼラチンを振り入れてまぜ、ふやかす。

❷ コーヒーは70℃に温め、❶のゼラチンを加えてとかす。バットに入れて冷蔵室で2～3時間以上冷やし固める。

❸ ゼリーが固まったらくずして器に盛り、コンデンスミルクをかける。（牧野）

エネルギー	91kcal	糖質	13.2g
食物繊維	0g	食塩相当量	0.1g

ヘルシーなところてんが
かんたんデザートに変身

黒みつところてん

材料（1人分）

ところてん（市販）………………1人分
黒みつ…………………………小さじ2
きな粉…………………………小さじ1

作り方

❶ 器にところてんを盛り、黒みつ、きな粉をかける。　（牧野）

エネルギー	40kcal	糖質	7.3g
食物繊維	1.3g	食塩相当量	0g

食物繊維が豊富なキウイフルーツを使って

キウイジェラート

材料（2人分）

キウイフルーツ……………4個（280g）
コンデンスミルク……………大さじ2

作り方

❶ キウイフルーツは1㎝大に切り、冷凍用保存袋に入れる。袋の上から手でもんでつぶし、コンデンスミルクを加えて均一にまぜる。

❷ 袋を平らにならし、冷凍庫で3時間以上凍らせる。途中、とり出して手でもみほぐしてまぜ、口をあけて空気を入れ、再び同様にして凍らせる。（牧野）

エネルギー	137kcal	糖質	26.9g
食物繊維	3.6g	食塩相当量	0g

口の中にはチーズケーキの味わいが広がります

即席チョコチーズケーキ

材料（1人分）

ビスケット（直径5㎝ほどのもの）
……………………………2枚
クリームチーズ……………1個（16g）
ココアパウダー……………少々

作り方

❶ ビスケットにクリームチーズをのせ、ココアパウダーを振る。もう1枚のビスケットではさむ。（牧野）

エネルギー	132kcal	糖質	10.2g
食物繊維	0.2g	食塩相当量	0.2g

トマトオレンジサワージュース

材料（1人分・200mℓ）

トマトジュース（食塩不使用）、オレンジジュース（果汁100%）……各1/2カップ
黒酢……大さじ1

作り方

❶ グラスに材料をすべて入れ、まぜる。（牧野）

エネルギー	75kcal	糖質	15.8g
食物繊維	0.9g	食塩相当量	0g

かんたんで、
おいしい！

りんごとセロリのスムージー

材料（1人分・300mℓ）

りんご（皮つき）……1/2個（115g）
セロリ（軸の部分）……1本（90g）
水……1/4カップ
氷……2個

作り方

❶ りんごは小さめに切り、耐熱ボウルに入れてラップをふんわりとかけ、電子レンジで1分加熱する。セロリは筋をとって小さく切る。
❷ ミキサーに❶、残りの材料を入れ、撹拌する。（牧野）

エネルギー	75kcal	糖質	18.3g
食物繊維	3.5g	食塩相当量	0.1g

りんごはレンジ加熱で
甘みを引き出します

パイナップルと小松菜のスムージー

材料（1人分・300mℓ）

パイナップル……150g
小松菜……1株（50g）
水……1/4カップ

作り方

❶ 小松菜はざく切りにし、パイナップルは3㎝大に切る。
❷ ミキサーに❶、水の順に入れ、撹拌する。（牧野）

エネルギー	88kcal	糖質	19.0g
食物繊維	2.8g	食塩相当量	0g

パイナップルは
生のものを使って！

果物１日あたりのめやす量

果物は果糖が主成分ですが、ビタミンやミネラル、食物繊維も含みます。
１日あたりの摂取量は80kcalがめやすです。
果物ごとの80kcalあたりのめやす量を紹介します。

りんご

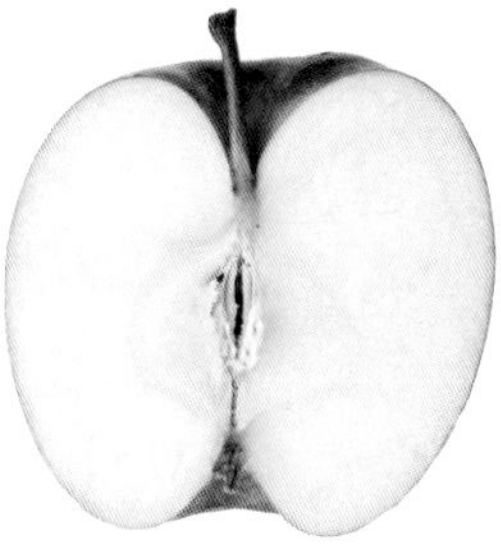

大1/2個（140g）

みかん

中2個（160g）

オレンジ（ネーブル）

大1個（170g）

グレープフルーツ

中1個（200g）

いちご

12～13粒（250g）

パイナップル

1/6個（150g）

キウイフルーツ

小2個（160g）

バナナ

小1本（90g）

ジュースや ドライフルーツはOK?

果物から食物繊維をとれますが、果汁100％であっても市販のジュースだと食物繊維はほとんど含まれないので、食べるなら果物そのものを。ドライフルーツは糖分無添加でも、糖質を多く含むので、食べるときは少量にしましょう。

市販菓子と清涼飲料水について

糖尿病の食事療法では、糖質のとりすぎは禁物です。間食やデザートをどうしても食べたいときは、手作りが安心ですが、むずかしいときは市販品を賢く選びましょう。

市販菓子の選び方

糖質制限ダイエットがブームになり、近年では「糖質オフ」「糖質ゼロ」「糖類ゼロ」といった表示の市販菓子が多く出回っています。糖尿病の人がおやつを食べるときには、これらを活用するのもひとつの方法です。また、血糖値を急上昇させないナッツやチーズなどを選んでも。いずれにしても食品成分表示を必ず確認しましょう。

プロテインを選んでも
プロテイン飲料はスーパーやコンビニでも手に入りやすいので、おやつがわりにしても。ただし、高カロリーなので、注意しましょう！

ナッツは少量ならOK！
ナッツは血糖値の上昇がゆるやかなので◎。良質の油を含みますが、脂質が多いので、食べすぎには注意を！

選び方のコツ

エネルギー量をチェック！

「糖質オフ」「糖質ゼロ」「糖類ゼロ」などであっても、エネルギー量が高いと、1日の適正なエネルギー摂取量をオーバーしてしまうのでNG！ エネルギー量を必ず確認しましょう。

糖質量をチェック！

「糖質オフ」「糖質ゼロ」「糖類ゼロ」といった表示がありますが、定義は異なるので注意を。いずれも糖質量のチェックが必須です。

糖質オフ	**同様の商品よりも糖質量が少ないもの。糖質オフ表示の基準はありません。**
糖質ゼロ	**食品100g（100ml）あたりの糖質量が0.5g未満のもの。 摂取量によっては糖質量が高くなります。**
糖類ゼロ	**食品100g（100ml）あたりの糖類（ブドウ糖、果糖、乳糖など）が0.5g未満のもの。 糖質ゼロではありません。**

清涼飲料水に注意！

最近は夏が猛暑のため、清涼飲料水を飲みすぎている人が多くなっているようです。スポーツ飲料やミルクティー、ジュースなどは、栄養成分表示を見ると思ったよりも糖質量が高いもの。要注意なのが、透明なのに味つきの甘い飲み物です。実は糖分が高いのです。飲むときは、無糖の水やお茶や紅茶、または糖質量の少ないものを選びましょう。

飲料の栄養成分表示（例）

100mℓあたり	
熱量（エネルギー）	27kcal
たんぱく質	0g
脂質	0g
炭水化物	0g
食塩相当量	0.12g

飲料は100mℓあたりの栄養成分表示が記載されていることが多いですが、ペットボトル1本（500mℓ）だとその5倍になります。注意しましょう！

6章

栄養データ 食材編

日常でよく使う食品 456 品を選び、栄養データを掲載。食材は 1 個、 1 尾という「めやす量」で栄養価がわかるので、計算の必要もありません。毎日の食事作りに活用してください。

栄養価
エネルギー、たんぱく質、脂質、炭水化物、食物繊維、食塩相当量を表示。また、市販品は、メーカーのホームページやパッケージに掲載されているデータの表示けたで記載しています。

めやす量
1 個、1 尾、1 束など、日常よく使われる単位であらわした量です。廃棄分（魚の骨、野菜の皮や根など、捨てる分）がある場合は、その重量も含みます。

正味量
実際に食べる量で、全体量から廃棄分（魚の骨、野菜の皮や根など、捨てる分）の重量を引いた量です。

いわし（まいわし）中1尾100g
（正味 40g）

エネルギー	62kcal	炭水化物	0.1g
たんぱく質	7.7g	食物繊維	〔0〕
脂質	3.7g	食塩相当量	0.1g

＊栄養成分値は「日本食品標準成分表 2020 年版（八訂）」をもとに算出。成分値は品種や産地、季節などの条件によって違いが生じます。平均的な数字ですので、めやすとしてください。

ご飯（精白米） 茶碗1杯 150g

エネルギー	234kcal	炭水化物	55.7g
たんぱく質	3.8g	食物繊維	2.3g
脂質	0.5g	食塩相当量	0g

ご飯（玄米） 茶碗1杯 180g

エネルギー	274kcal	炭水化物	64.1g
たんぱく質	5.0g	食物繊維	2.5g
脂質	1.8g	食塩相当量	0g

ご飯（精白米） 茶碗1杯 180g

エネルギー	281kcal	炭水化物	66.8g
たんぱく質	4.5g	食物繊維	2.7g
脂質	0.5g	食塩相当量	0g

ご飯（胚芽精米） 茶碗1杯 150g

エネルギー	239kcal	炭水化物	54.6g
たんぱく質	4.1g	食物繊維	1.2g
脂質	0.9g	食塩相当量	0g

ご飯（押し麦入り） 茶碗1杯 150g

精白米の2割
程度の押し麦を
加えて炊いたもの

エネルギー	241kcal	炭水化物	54.1g
たんぱく質	4.9g	食物繊維	1.5g
脂質	0.8g	食塩相当量	0g

ご飯（玄米） 茶碗1杯 150g

エネルギー	228kcal	炭水化物	53.4g
たんぱく質	4.2g	食物繊維	2.1g
脂質	1.5g	食塩相当量	0g

切りもち 1個 50g

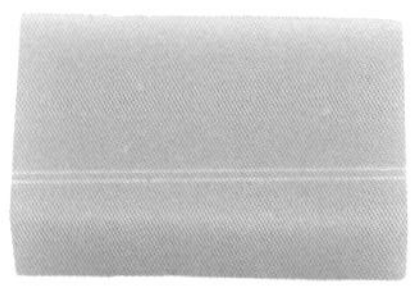

エネルギー	112kcal	炭水化物	25.4g
たんぱく質	2.0g	食物繊維	0.3g
脂質	0.3g	食塩相当量	0g

全がゆ（精白米） 茶碗1杯 220g

エネルギー	143kcal	炭水化物	34.5g
たんぱく質	2.4g	食物繊維	0.2g
脂質	0.2g	食塩相当量	0g

ご飯（雑穀入り） 茶碗1杯 150g

精白米の
3割程度の雑穀（8種）を
加えて炊いたもの

エネルギー	241kcal	炭水化物	53.8g
たんぱく質	4.7g	食物繊維	0.9g
脂質	0.7g	食塩相当量	0g

ライスペーパー 1枚 10g

エネルギー	34kcal	炭水化物	8.4g
たんぱく質	0.1g	食物繊維	0.1g
脂質	微	食塩相当量	0.2g

フォー 1袋 100g

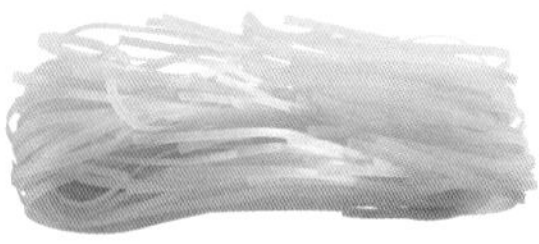

エネルギー	252kcal	炭水化物	58.4g
たんぱく質	3.6g	食物繊維	0.9g
脂質	0.7g	食塩相当量	0.1g

ビーフン（乾燥） 1袋 150g

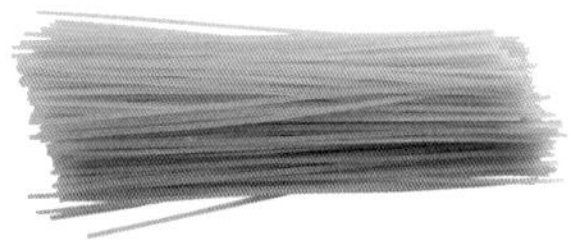

エネルギー	540kcal	炭水化物	119.9g
たんぱく質	10.5g	食物繊維	1.4g
脂質	2.4g	食塩相当量	0g

●パン、シリアル

バターロール 小1個 30g

エネルギー	93kcal	炭水化物	14.6g
たんぱく質	3.0g	食物繊維	0.6g
脂質	2.7g	食塩相当量	0.4g

食パン 8枚切り 1枚 45g

エネルギー	112kcal	炭水化物	20.9g
たんぱく質	4.0g	食物繊維	1.9g
脂質	1.8g	食塩相当量	0.5g

食パン 6枚切り 1枚 60g

エネルギー	149kcal	炭水化物	27.8g
たんぱく質	5.3g	食物繊維	2.5g
脂質	2.5g	食塩相当量	0.7g

ライ麦パン 1枚（厚さ1.2cm）60g

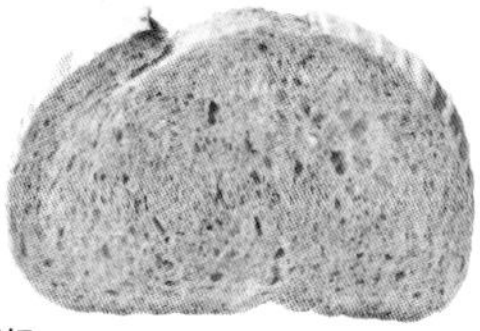

小麦粉に
ライ麦粉50％を配合したもの

エネルギー	151kcal	炭水化物	31.6g
たんぱく質	5.0g	食物繊維	3.4g
脂質	1.3g	食塩相当量	0.7g

クロワッサン 1個 40g

エネルギー	175kcal	炭水化物	17.6g
たんぱく質	3.2g	食物繊維	0.7g
脂質	10.7g	食塩相当量	0.5g

フランスパン 1切れ（厚さ4cm）30g

エネルギー	87kcal	炭水化物	17.3g
たんぱく質	2.8g	食物繊維	0.8g
脂質	0.4g	食塩相当量	0.5g

ベーグル 1個 90g

エネルギー	243kcal	炭水化物	49.1g
たんぱく質	8.6g	食物繊維	2.3g
脂質	1.8g	食塩相当量	1.1g

バンズ用パン 1個 90g

エネルギー	233kcal	炭水化物	44.2g
たんぱく質	7.7g	食物繊維	1.8g
脂質	3.4g	食塩相当量	1.2g

イングリッシュマフィン 1個 65g

エネルギー	146kcal	炭水化物	26.5g
たんぱく質	5.3g	食物繊維	0.8g
脂質	2.3g	食塩相当量	0.8g

コーンフレーク 1食分 40g

エネルギー	152kcal	炭水化物	33.4g
たんぱく質	3.1g	食物繊維	1.0g
脂質	0.7g	食塩相当量	0.8g

ナン 1枚（24cm長さ）80g

エネルギー	206kcal	炭水化物	38.1g
たんぱく質	8.2g	食物繊維	1.6g
脂質	2.7g	食塩相当量	1.6g

ぶどうパン 6枚切り 1枚 60g

エネルギー	158kcal	炭水化物	30.7g
たんぱく質	4.9g	食物繊維	1.3g
脂質	2.1g	食塩相当量	0.6g

そば（乾燥） 1束 100g

エネルギー	344kcal	炭水化物	66.7g
たんぱく質	14.0g	食物繊維	3.7g
脂質	2.3g	食塩相当量	2.2g

そうめん（乾燥） 1束 100g

エネルギー	333kcal	炭水化物	72.7g
たんぱく質	9.5g	食物繊維	2.5g
脂質	1.1g	食塩相当量	3.8g

うどん（乾燥） 1束 100g

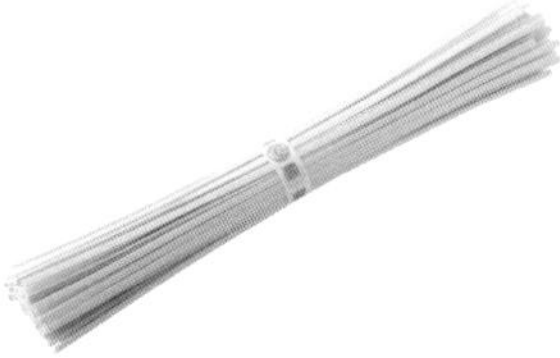

エネルギー	333kcal	炭水化物	71.9g
たんぱく質	8.5g	食物繊維	2.4g
脂質	1.1g	食塩相当量	4.3g

そば（ゆで） 260g

そば（乾燥）
100gをゆでたためやす量

エネルギー	294kcal	炭水化物	57.5g
たんぱく質	12.5g	食物繊維	3.9g
脂質	1.8g	食塩相当量	0.3g

そうめん（ゆで） 270g

そうめん（乾燥）
100gをゆでたためやす量

エネルギー	308kcal	炭水化物	69.7g
たんぱく質	9.5g	食物繊維	2.4g
脂質	1.1g	食塩相当量	0.5g

うどん（ゆで） 240g

うどん（乾燥）
100gをゆでたためやす量

エネルギー	281kcal	炭水化物	61.9g
たんぱく質	7.4g	食物繊維	1.7g
脂質	1.2g	食塩相当量	1.2g

中華めん（生） 1玉 120g

エネルギー	299kcal	炭水化物	66.8g
たんぱく質	10.3g	食物繊維	6.5g
脂質	1.4g	食塩相当量	1.2g

中華めん（蒸し） 1玉 150g

エネルギー	243kcal	炭水化物	53.4g
たんぱく質	7.4g	食物繊維	4.7g
脂質	2.6g	食塩相当量	0.5g

スパゲッティ（乾燥） 1食分 80g

エネルギー	278kcal	炭水化物	58.5g
たんぱく質	10.3g	食物繊維	4.3g
脂質	1.4g	食塩相当量	0g

ギョーザの皮 1枚 5g

エネルギー	14kcal	炭水化物	2.9g
たんぱく質	0.5g	食物繊維	0.1g
脂質	0.1g	食塩相当量	0g

中華スタイル即席カップめん 1食分 97g

ノンフライタイプ

エネルギー	305kcal	炭水化物	60.7g
たんぱく質	8.9g	食物繊維	6.2g
脂質	5.6g	食塩相当量	6.9g

スパゲッティ（ゆで） 1食分176g

スパゲッティ（乾燥）80gを
塩を加えずにゆでたためやす量

エネルギー	264kcal	炭水化物	56.7g
たんぱく質	10.2g	食物繊維	5.3g
脂質	1.6g	食塩相当量	0g

糖質コントロールが可能な市販品(ご飯、めん、パン)

金芽ロウカット玄米ごはん
1パック(150g)

191kcal

炭水化物	43.4g
たんぱく質	3.2g
脂質	1.1g
食物繊維	2.6g
食塩相当量	0g

東洋ライス

へるしごはん
1パック(150g)

163kcal

炭水化物	39.2g
たんぱく質	2.9g
脂質	0g
食物繊維	4.2g
食塩相当量	0g

サラヤ

マンナンごはん
1パック(160g)

159kcal

炭水化物	41.8g
たんぱく質	2.2g
脂質	0.2g
食物繊維	4.8g
食塩相当量	0〜0.1g

大塚食品

糖質ひかえめブレッド
1枚(28g)

66kcal

炭水化物	9.5g
たんぱく質	4.4g
脂質	2.0g
食物繊維	3.6g
食塩相当量	0.4g

山崎製パン

低糖質イングリッシュマフィン ブラン
1個(67g)

116kcal

炭水化物	26.7g
たんぱく質	7.2g
脂質	1.5g
食物繊維	16.6g
食塩相当量	0.7g

Pasco

低糖質クロワッサン
1個(43g)

177kcal

炭水化物	17.2g
たんぱく質	4.1g
脂質	11.8g
食物繊維	7.4g
食塩相当量	0.5g

Pasco

「健美麺」糖質40%カット 本うどん
1袋(180g)

188kcal

炭水化物	43.3g
たんぱく質	8.1g
脂質	1.8g
食物繊維	16.7g
食塩相当量	0.3〜1.5g

シマダヤ

「健美麺」糖質30%カット 本そば
1袋(150g)

201kcal

炭水化物	37.4g
たんぱく質	14.9g
脂質	3.2g
食物繊維	18.6g
食塩相当量	0.1〜0.5g

シマダヤ

とうふそうめん風
1袋(麺状とうふ120g、添付つゆ15g)

87kcal

炭水化物	11.0g
たんぱく質	5.0g
脂質	3.0g
食物繊維	2.1g
食塩相当量	2.0g

紀文

オーマイ糖質50%オフパスタ
1食(80g)

222kcal

炭水化物	54.0g
たんぱく質	12.6g
脂質	1.4g
食物繊維	28.3g
食塩相当量	2.0g

ニップン

ZENBヌードル丸麺
1束(80g)

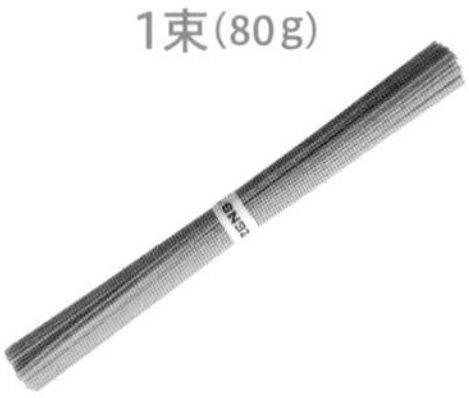

260kcal

炭水化物	54.8g
たんぱく質	17.3g
脂質	2.5g
食物繊維	14.2g
食塩相当量	0.1g

ZENB JAPAN

蒟蒻効果
(グルコマンナン入りパスタ)
1束(80g)

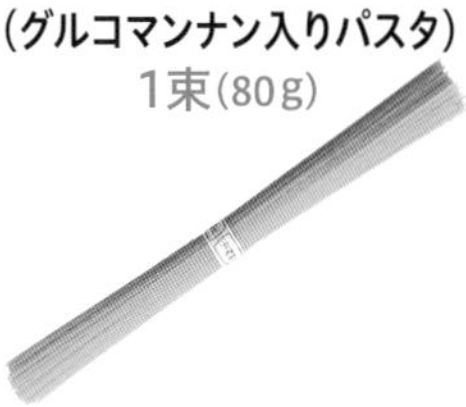

249kcal

炭水化物	59.3g
たんぱく質	8.8g
脂質	1.6g
食物繊維	10.6g
食塩相当量	0.1g

昭和産業

鶏胸肉（皮つき） 1枚 200g

エネルギー	266kcal	炭水化物	0.2g
たんぱく質	42.6g	食物繊維	〔0〕
脂質	11.8g	食塩相当量	0.2g

鶏もも肉（皮なし） 1枚 180g

エネルギー	203kcal	炭水化物	0g
たんぱく質	34.2g	食物繊維	〔0〕
脂質	9.0g	食塩相当量	0.4g

鶏もも肉（皮つき） 1枚 250g

エネルギー	475kcal	炭水化物	0g
たんぱく質	41.5g	食物繊維	〔0〕
脂質	35.5g	食塩相当量	0.5g

鶏胸肉（皮つき） 1/4枚 50g

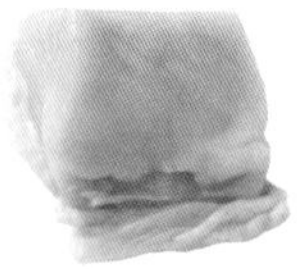

エネルギー	67kcal	炭水化物	0.1g
たんぱく質	10.7g	食物繊維	〔0〕
脂質	3.0g	食塩相当量	0.1g

鶏もも肉（皮なし） 約1/4枚 50g

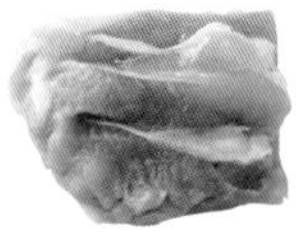

エネルギー	57kcal	炭水化物	0g
たんぱく質	9.5g	食物繊維	〔0〕
脂質	2.5g	食塩相当量	0.1g

鶏もも肉（皮つき） 1/5枚 50g

エネルギー	95kcal	炭水化物	0g
たんぱく質	8.3g	食物繊維	〔0〕
脂質	7.1g	食塩相当量	0.1g

鶏もも肉（骨つき） 1本 300g
（正味 210g）

エネルギー	399kcal	炭水化物	0g
たんぱく質	34.9g	食物繊維	0g
脂質	29.8g	食塩相当量	0.4g

鶏胸肉（皮なし） 50g

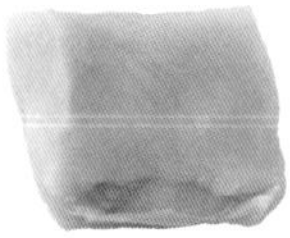

エネルギー	53kcal	炭水化物	0.1g
たんぱく質	11.7g	食物繊維	〔0〕
脂質	1.0g	食塩相当量	0.1g

鶏胸肉（皮なし） 1枚 170g

エネルギー	179kcal	炭水化物	0.2g
たんぱく質	39.6g	食物繊維	〔0〕
脂質	3.2g	食塩相当量	0.2g

鶏ささ身 1本 40g
（正味 38g）

エネルギー	37kcal	炭水化物	微
たんぱく質	9.1g	食物繊維	〔0〕
脂質	0.3	食塩相当量	微

鶏手羽先 1本 70g
（正味 42g）

エネルギー	87kcal	炭水化物	0g
たんぱく質	7.3g	食物繊維	〔0〕
脂質	6.8g	食塩相当量	0.1g

鶏手羽元 1本 60g
（正味 42g）

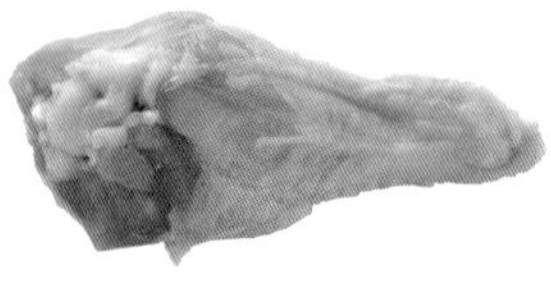

エネルギー	74kcal	炭水化物	0g
たんぱく質	7.6g	食物繊維	〔0〕
脂質	5.4g	食塩相当量	0.1g

●牛肉、豚肉

牛バラ(カルビ)
焼き肉用1枚 25g

エネルギー	95kcal	炭水化物	0.1g
たんぱく質	3.2g	食物繊維	(0)
脂質	9.9g	食塩相当量	微

牛肩ロース(脂身つき)
5㎝角 50g

エネルギー	148kcal	炭水化物	0.1g
たんぱく質	8.1g	食物繊維	(0)
脂質	13.2g	食塩相当量	0.1g

牛肩ロース(脂身つき)
薄切り1枚 20g

エネルギー	59kcal	炭水化物	微
たんぱく質	3.2g	食物繊維	(0)
脂質	5.3g	食塩相当量	微

牛サーロイン(脂身つき)
1㎝厚さ1枚 150g

エネルギー	470kcal	炭水化物	0.6g
たんぱく質	24.8g	食物繊維	(0)
脂質	41.9g	食塩相当量	0.2g

牛ヒレ
5㎝角 125g

エネルギー	221kcal	炭水化物	0.6g
たんぱく質	26.0g	食物繊維	(0)
脂質	14.0g	食塩相当量	0.1g

牛もも(脂身つき)
薄切り1枚 50g

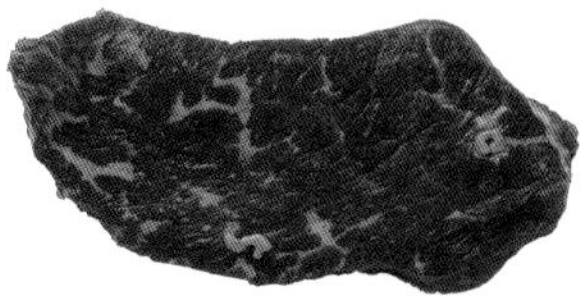

エネルギー	98kcal	炭水化物	0.2g
たんぱく質	9.8g	食物繊維	(0)
脂質	6.7g	食塩相当量	0.1g

牛カルビ
ステーキ用1枚 100g

エネルギー	381kcal	炭水化物	0.3g
たんぱく質	12.8g	食物繊維	(0)
脂質	39.4g	食塩相当量	0.1g

牛すね肉
1㎝厚さ1枚 90g

牛すじ(ゆで)と同じ成分値で計測

エネルギー	137kcal	炭水化物	0g
たんぱく質	25.5g	食物繊維	(0)
脂質	4.4g	食塩相当量	0.2g

牛リブロース(脂身つき)
1㎝厚さ1枚 150g

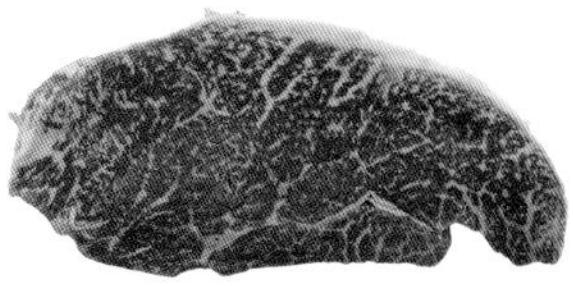

エネルギー	570kcal	炭水化物	0.3g
たんぱく質	21.2g	食物繊維	(0)
脂質	55.7g	食塩相当量	0.2g

豚ロース(脂身つき)
しゃぶしゃぶ用薄切り1枚 12g

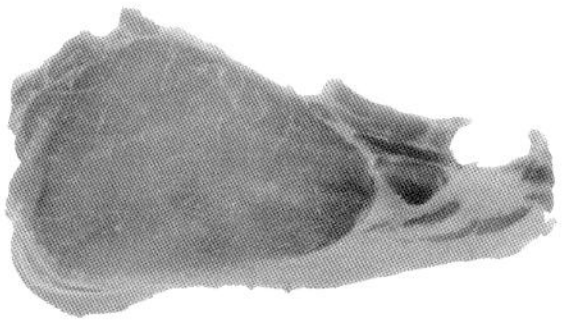

エネルギー	30kcal	炭水化物	微
たんぱく質	2.3g	食物繊維	(0)
脂質	2.3g	食塩相当量	微

豚ロース(脂身つき)
しょうが焼き用薄切り1枚 25g

エネルギー	62kcal	炭水化物	0.1g
たんぱく質	4.8g	食物繊維	(0)
脂質	4.8g	食塩相当量	微

豚肩ロース(脂身つき)
薄切り1枚 20g

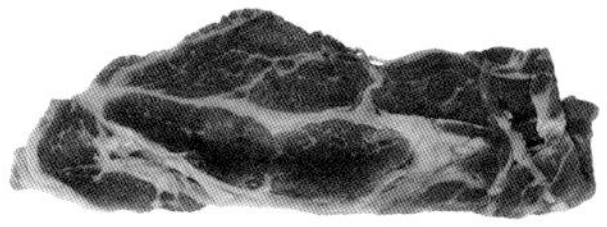

エネルギー	47kcal	炭水化物	微
たんぱく質	3.4g	食物繊維	(0)
脂質	3.8g	食塩相当量	微

●豚肉、ひき肉、レバー

豚ヒレ 一口カツ用1枚 80g

エネルギー	94kcal	炭水化物	0.2g
たんぱく質	17.8g	食物繊維	〔0〕
脂質	3.0g	食塩相当量	0.1g

豚もも（脂身なし） 一口カツ用ブロック150g

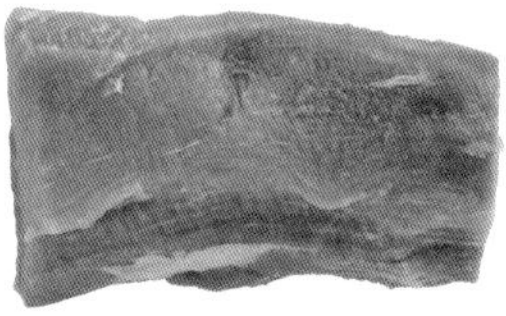

エネルギー	207kcal	炭水化物	0.3g
たんぱく質	32.3g	食物繊維	〔0〕
脂質	9.0g	食塩相当量	0.2g

豚もも（脂身つき） ソテー用1枚 90g

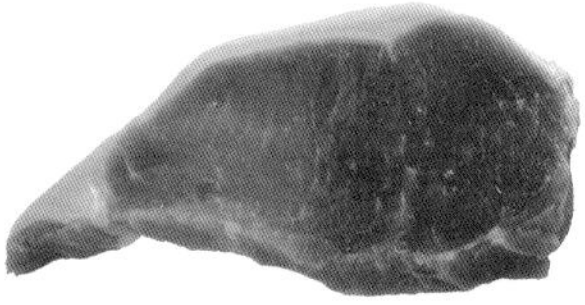

エネルギー	154kcal	炭水化物	0.2g
たんぱく質	18.5g	食物繊維	〔0〕
脂質	9.2g	食塩相当量	0.1g

豚スペアリブ 1本50g （正味84g）

エネルギー	307kcal	炭水化物	0.1g
たんぱく質	12.1g	食物繊維	〔0〕
脂質	29.7g	食塩相当量	0.1g

豚バラ 薄切り1枚 20g

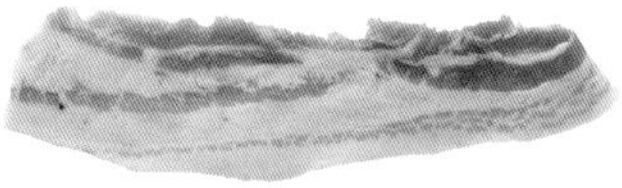

エネルギー	73kcal	炭水化物	微
たんぱく質	2.9g	食物繊維	〔0〕
脂質	7.1g	食塩相当量	微

豚バラ 3cm角 45g

エネルギー	165kcal	炭水化物	微
たんぱく質	6.5g	食物繊維	〔0〕
脂質	15.9g	食塩相当量	微

鶏ひき肉 卵大ひとかたまり 30g

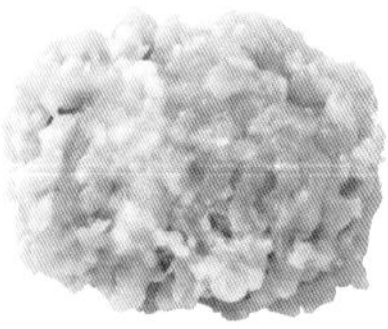

エネルギー	51kcal	炭水化物	0g
たんぱく質	5.3g	食物繊維	〔0〕
脂質	3.6g	食塩相当量	微

豚ひき肉 卵大ひとかたまり 30g

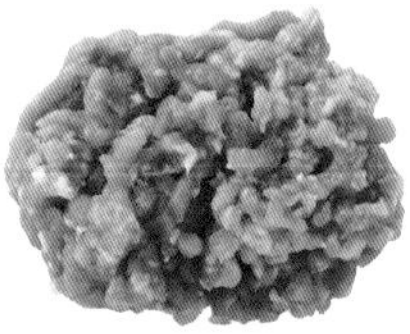

エネルギー	63kcal	炭水化物	微
たんぱく質	5.3g	食物繊維	〔0〕
脂質	5.2g	食塩相当量	微

牛ひき肉 卵大ひとかたまり 30g

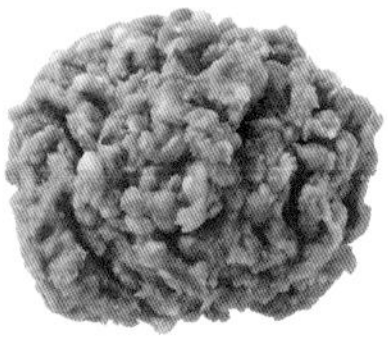

エネルギー	75kcal	炭水化物	0.1g
たんぱく質	5.1g	食物繊維	〔0〕
脂質	6.3g	食塩相当量	0.1g

鶏レバー 30g

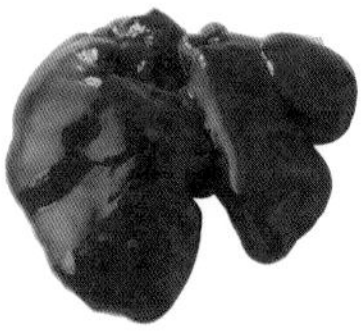

エネルギー	30kcal	炭水化物	0.2g
たんぱく質	5.7g	食物繊維	〔0〕
脂質	0.9g	食塩相当量	0.1g

豚レバー 薄切り2切れ 30g

エネルギー	34kcal	炭水化物	0.8g
たんぱく質	6.1g	食物繊維	〔0〕
脂質	1.0g	食塩相当量	微

牛レバー 薄切り2切れ 45g

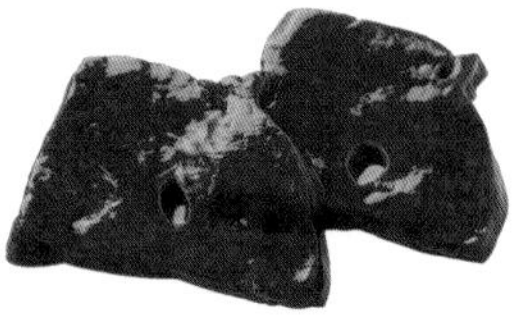

エネルギー	54kcal	炭水化物	1.7g
たんぱく質	8.8g	食物繊維	〔0〕
脂質	1.7g	食塩相当量	微

●その他の肉、肉加工品

ラムロース 薄切り1枚 50g

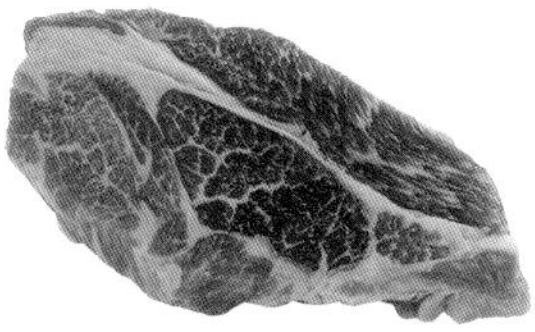

エネルギー	144kcal	炭水化物	0.1g
たんぱく質	7.8g	食物繊維	(0)
脂質	13.0g	食塩相当量	0.1g

鶏砂肝 1個 30g

エネルギー	26kcal	炭水化物	微
たんぱく質	5.5g	食物繊維	(0)
脂質	0.5g	食塩相当量	微

牛たん 薄切り3切れ 45g

エネルギー	143kcal	炭水化物	0.1g
たんぱく質	6.0g	食物繊維	(0)
脂質	14.3g	食塩相当量	0.1g

生ハム(促成) 1枚 7g

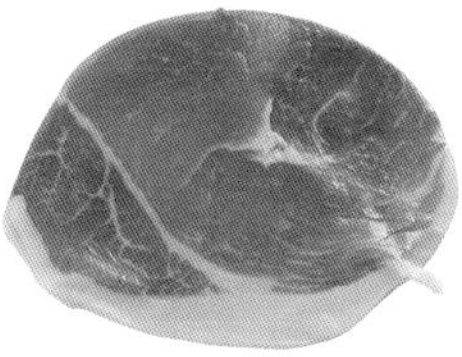

エネルギー	17kcal	炭水化物	微
たんぱく質	1.7g	食物繊維	(0)
脂質	1.2g	食塩相当量	0.2g

ボンレスハム 1枚 20g

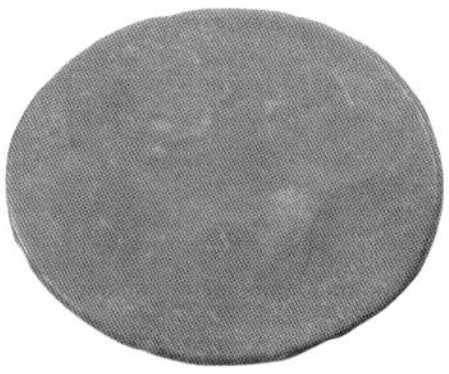

エネルギー	23kcal	炭水化物	0.4g
たんぱく質	3.7g	食物繊維	(0)
脂質	0.8g	食塩相当量	0.6g

ロースハム 1枚 20g

エネルギー	42kcal	炭水化物	0.4g
たんぱく質	3.7g	食物繊維	0g
脂質	2.9g	食塩相当量	0.5g

フランクフルトソーセージ 1本 50g

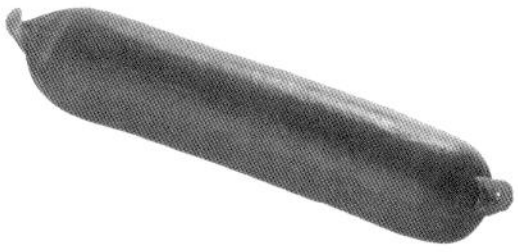

エネルギー	148kcal	炭水化物	3.1g
たんぱく質	6.4g	食物繊維	(0)
脂質	12.4g	食塩相当量	1.0g

ウインナソーセージ 1本 20g

エネルギー	64kcal	炭水化物	0.7g
たんぱく質	2.3g	食物繊維	(0)
脂質	6.1g	食塩相当量	0.4g

ベーコン 1枚 15g

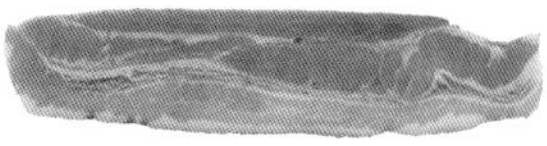

エネルギー	60kcal	炭水化物	微
たんぱく質	1.9g	食物繊維	(0)
脂質	5.9g	食塩相当量	0.3g

焼き豚 1cm厚さ20g

エネルギー	33kcal	炭水化物	1.0g
たんぱく質	3.9g	食物繊維	(0)
脂質	1.6g	食塩相当量	0.5g

コンビーフ缶詰め 小1缶100g

エネルギー	191kcal	炭水化物	1.7g
たんぱく質	19.8g	食物繊維	(0)
脂質	13.0g	食塩相当量	1.8g

サラミソーセージ(セミドライ) 1枚 10g

エネルギー	34kcal	炭水化物	0.3g
たんぱく質	1.7g	食物繊維	(0)
脂質	3.0g	食塩相当量	0.3g

●一尾魚、切り身魚

いわし（まいわし） 中1尾100g
（正味 40g）

エネルギー	62kcal	炭水化物	0.1g
たんぱく質	7.7g	食物繊維	〔0〕
脂質	3.7g	食塩相当量	0.1g

あゆ 1尾 80g
（正味 40g）

成分値は養殖のもの

エネルギー	55kcal	炭水化物	0.2g
たんぱく質	7.1g	食物繊維	〔0〕
脂質	3.2g	食塩相当量	微

あじ 中1尾150g
（正味 68g）

エネルギー	76kcal	炭水化物	0.1g
たんぱく質	13.4g	食物繊維	〔0〕
脂質	3.1g	食塩相当量	0.2g

きす 1尾 40g
（正味 18g）

エネルギー	13kcal	炭水化物	0g
たんぱく質	3.3g	食物繊維	〔0〕
脂質	微	食塩相当量	0.1g

さんま 1尾 150g
（正味 98g）

エネルギー	281kcal	炭水化物	0.1g
たんぱく質	17.7g	食物繊維	〔0〕
脂質	25.1g	食塩相当量	0.4g

うるめいわし 1尾 50g
（正味 33g）

エネルギー	41kcal	炭水化物	0.1g
たんぱく質	7.0g	食物繊維	〔0〕
脂質	1.6g	食塩相当量	0.1g

ぶり 1切れ 80g

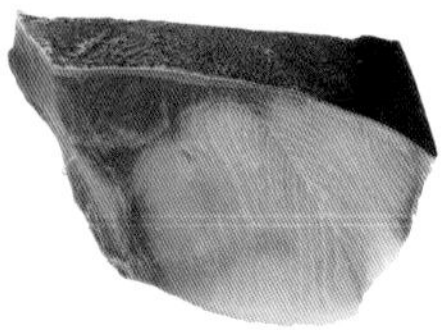

エネルギー	178kcal	炭水化物	0.2g
たんぱく質	17.1g	食物繊維	〔0〕
脂質	14.1g	食塩相当量	0.1g

かつお刺し身用 3切れ 60g

秋獲りのもの。
春獲りのものより
脂が多め

エネルギー	90kcal	炭水化物	0.1g
たんぱく質	15.0g	食物繊維	〔0〕
脂質	3.7g	食塩相当量	0.1g

さば 1切れ120g

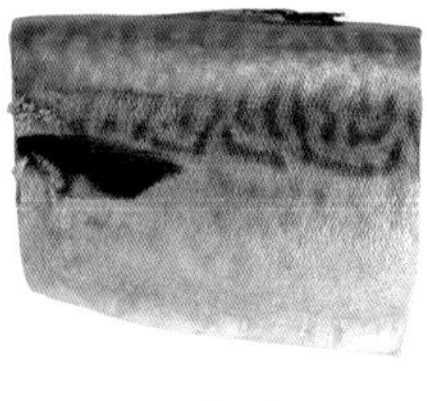

エネルギー	253kcal	炭水化物	0.4g
たんぱく質	24.7g	食物繊維	〔0〕
脂質	20.2g	食塩相当量	0.4g

たい（まだい） 1切れ 80g

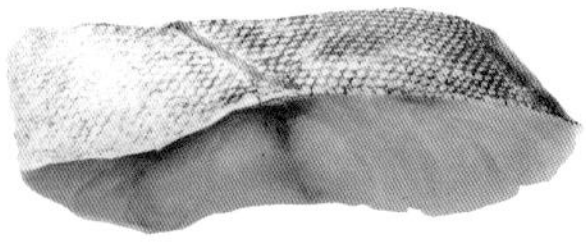

成分値は養殖のもの

エネルギー	128kcal	炭水化物	0.1g
たんぱく質	16.7g	食物繊維	〔0〕
脂質	7.5g	食塩相当量	0.1g

きんめだい 1切れ120g

エネルギー	176kcal	炭水化物	0.1g
たんぱく質	21.4g	食物繊維	〔0〕
脂質	10.8g	食塩相当量	0.1g

かじき（めかじき） 1切れ120g

エネルギー	167kcal	炭水化物	0.1g
たんぱく質	23.0g	食物繊維	〔0〕
脂質	9.1g	食塩相当量	0.2g

魚介類

●切り身魚、いか、たこ、えび

鮭 1切れ 80g

成分値はしろさけのもの

エネルギー	99 kcal	炭水化物	0.1 g
たんぱく質	17.8 g	食物繊維	〔0〕
脂質	3.3 g	食塩相当量	0.2 g

子持ちがれい 1切れ 170g
（正味 102g）

エネルギー	125 kcal	炭水化物	0.1 g
たんぱく質	20.3 g	食物繊維	〔0〕
脂質	6.3 g	食塩相当量	0.2 g

たら 1切れ 80g

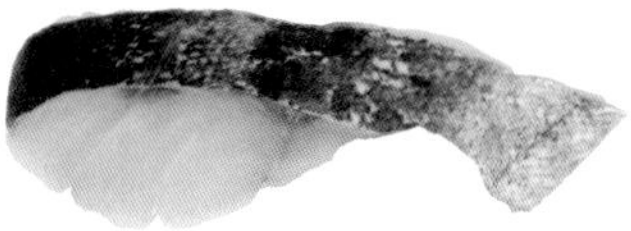

エネルギー	58 kcal	炭水化物	0.1 g
たんぱく質	14.1 g	食物繊維	〔0〕
脂質	0.2 g	食塩相当量	0.2 g

まぐろ・トロ 刺し身用3切れ 50g

成分値はくろまぐろのもの

エネルギー	154 kcal	炭水化物	0.1 g
たんぱく質	10.1 g	食物繊維	〔0〕
脂質	13.8 g	食塩相当量	0.1 g

まぐろ・赤身 刺し身用3切れ 50g

成分値はきはだまぐろのもの

エネルギー	51 kcal	炭水化物	微
たんぱく質	12.2 g	食物繊維	〔0〕
脂質	0.5 g	食塩相当量	0.1 g

キングサーモン 1切れ 100g

エネルギー	176 kcal	炭水化物	微
たんぱく質	19.5 g	食物繊維	〔0〕
脂質	12.5 g	食塩相当量	0.1 g

ほたるいか 1ぱい 5g

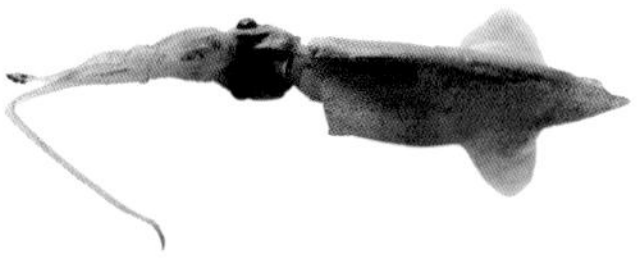

エネルギー	4 kcal	炭水化物	微
たんぱく質	0.6 g	食物繊維	〔0〕
脂質	0.2 g	食塩相当量	微

するめいか（胴・皮なし） 1/4ぱい分 40g

エネルギー	32 kcal	炭水化物	微
たんぱく質	7.4 g	食物繊維	〔0〕
脂質	0.2 g	食塩相当量	0.2 g

するめいか 1ぱい 300g
（正味 210g）

エネルギー	160 kcal	炭水化物	0.2 g
たんぱく質	37.6 g	食物繊維	〔0〕
脂質	1.7 g	食塩相当量	1.1 g

大正えび 小1尾 40g
（正味 18g）

エネルギー	16 kcal	炭水化物	微
たんぱく質	3.9 g	食物繊維	〔0〕
脂質	0.1 g	食塩相当量	0.1 g

ブラックタイガー 1尾 40g
（正味 18g）

エネルギー	14 kcal	炭水化物	0.1 g
たんぱく質	3.3 g	食物繊維	〔0〕
脂質	0.1 g	食塩相当量	0.1 g

たこ（ゆで） 足1本 150g

エネルギー	137 kcal	炭水化物	0.2 g
たんぱく質	32.6 g	食物繊維	〔0〕
脂質	1.1 g	食塩相当量	0.9 g

●えび、かに、貝類、魚卵など

たらばがに(ゆで) 足1/4本 50g
(正味 20g)

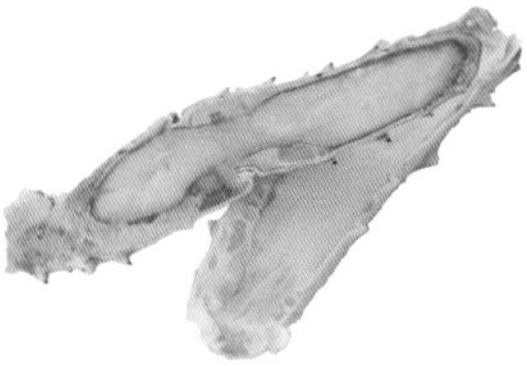

エネルギー	15 kcal	炭水化物	0.1 g
たんぱく質	3.5 g	食物繊維	〔0〕
脂質	0.3 g	食塩相当量	0.2 g

さくらえび(ゆで)
大さじ2杯 20g

エネルギー	16 kcal	炭水化物	微
たんぱく質	3.6 g	食物繊維	—
脂質	0.3 g	食塩相当量	0.4 g

甘えび 5尾 100g
(正味 35g)

エネルギー	30 kcal	炭水化物	微
たんぱく質	6.9 g	食物繊維	〔0〕
脂質	0.5 g	食塩相当量	0.3 g

しじみ 50個 150g
(正味 38g)

エネルギー	21 kcal	炭水化物	1.7 g
たんぱく質	2.9 g	食物繊維	〔0〕
脂質	0.5 g	食塩相当量	0.2 g

カキ 殻つき2個 100g
(正味 25g)

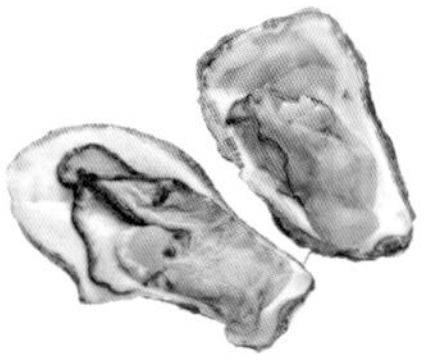

エネルギー	15 kcal	炭水化物	1.2 g
たんぱく質	1.7 g	食物繊維	〔0〕
脂質	0.6 g	食塩相当量	0.3 g

あさり 殻つき20個 200g
(正味 80g)

エネルギー	22 kcal	炭水化物	0.3 g
たんぱく質	4.8 g	食物繊維	〔0〕
脂質	0.2 g	食塩相当量	1.8 g

イクラ 大さじ 1杯 16g

エネルギー	40 kcal	炭水化物	微
たんぱく質	5.2 g	食物繊維	〔0〕
脂質	2.5 g	食塩相当量	0.4 g

ほたて貝柱 1個 30g

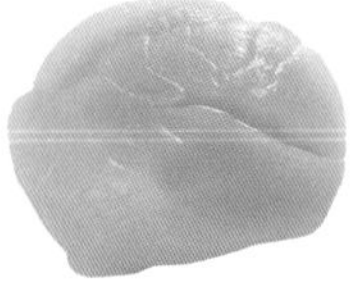

エネルギー	25 kcal	炭水化物	1.1 g
たんぱく質	5.1 g	食物繊維	〔0〕
脂質	0.1 g	食塩相当量	0.1 g

はまぐり 殻つき5個 150g
(正味 60g)

エネルギー	21 kcal	炭水化物	1.1 g
たんぱく質	3.7 g	食物繊維	〔0〕
脂質	0.4 g	食塩相当量	1.2 g

しらす干し(微乾燥品)
大さじ2杯 10g

エネルギー	11 kcal	炭水化物	微
たんぱく質	2.5 g	食物繊維	〔0〕
脂質	0.2 g	食塩相当量	0.4 g

辛子明太子 50g

エネルギー	61 kcal	炭水化物	1.5 g
たんぱく質	10.5 g	食物繊維	〔0〕
脂質	1.7 g	食塩相当量	2.8 g

たらこ 50g

エネルギー	66 kcal	炭水化物	0.2 g
たんぱく質	12.0 g	食物繊維	〔0〕
脂質	2.4 g	食塩相当量	2.3 g

●魚介加工品

ほっけ開き干し（生干し） 1/2 尾 150g（正味 98g）

エネルギー	158 kcal	炭水化物	0.1 g
たんぱく質	20.2 g	食物繊維	〔0〕
脂質	9.2 g	食塩相当量	1.8 g

塩鮭 1切れ 80g

成分値はしろさけのもの

エネルギー	146 kcal	炭水化物	0.1 g
たんぱく質	17.9 g	食物繊維	〔0〕
脂質	8.9 g	食塩相当量	1.4 g

あじ開き干し 小1尾 80g（正味 52g）

エネルギー	78 kcal	炭水化物	0.1 g
たんぱく質	10.5 g	食物繊維	〔0〕
脂質	4.6 g	食塩相当量	0.9 g

うなぎかば焼き 1/3尾 50g

エネルギー	143 kcal	炭水化物	1.6 g
たんぱく質	11.5 g	食物繊維	〔0〕
脂質	10.5 g	食塩相当量	0.7 g

煮干し 5尾 10g

エネルギー	30 kcal	炭水化物	微
たんぱく質	6.5 g	食物繊維	〔0〕
脂質	0.6 g	食塩相当量	0.4 g

ししゃも（生干し） 1尾 20g

成分値は
カラフトししゃも（子持ち）のもの

エネルギー	32 kcal	炭水化物	0.1 g
たんぱく質	3.1 g	食物繊維	〔0〕
脂質	2.3 g	食塩相当量	0.3 g

かまぼこ（蒸し） 3切れ 50g

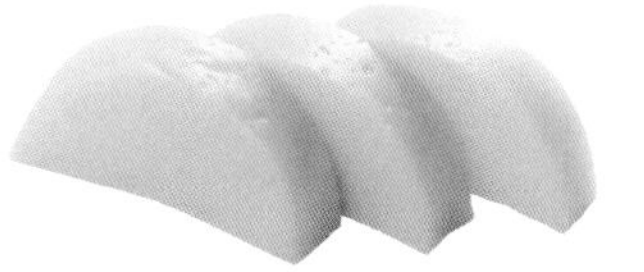

エネルギー	47 kcal	炭水化物	4.9 g
たんぱく質	6.0 g	食物繊維	〔0〕
脂質	0.5 g	食塩相当量	1.3 g

かに風味かまぼこ 1本 11g

エネルギー	10 kcal	炭水化物	1.0 g
たんぱく質	1.3 g	食物繊維	〔0〕
脂質	0.1 g	食塩相当量	0.2 g

かつお節（削り節） 1パック 5g

エネルギー	16 kcal	炭水化物	微
たんぱく質	3.8 g	食物繊維	〔0〕
脂質	0.2 g	食塩相当量	0.1 g

はんぺん 1/2枚 50g

エネルギー	47 kcal	炭水化物	5.7 g
たんぱく質	5.0 g	食物繊維	〔0〕
脂質	0.5 g	食塩相当量	0.8 g

焼きちくわ 小1本 30g

エネルギー	36 kcal	炭水化物	4.1 g
たんぱく質	3.7 g	食物繊維	〔0〕
脂質	0.6 g	食塩相当量	0.6 g

さつま揚げ 1枚 65g

エネルギー	88 kcal	炭水化物	9.0 g
たんぱく質	8.1 g	食物繊維	〔0〕
脂質	2.4 g	食塩相当量	1.2 g

ツナ缶（油漬け）ホワイト（フレーク）
小1缶 80g

成分値は
缶汁を含んだもの

エネルギー	223kcal	炭水化物	0.1g
たんぱく質	15.0g	食物繊維	〔0〕
脂質	18.9g	食塩相当量	0.7g

ツナ缶（味つけ・フレーク）
小1缶 80g

成分値は
缶汁を含んだもの

エネルギー	107kcal	炭水化物	7.9g
たんぱく質	15.2g	食物繊維	〔0〕
脂質	1.8g	食塩相当量	1.5g

魚肉ソーセージ
1本 70g

エネルギー	111kcal	炭水化物	8.8g
たんぱく質	8.1g	食物繊維	〔0〕
脂質	5.0g	食塩相当量	1.5g

さんまかば焼き缶詰め
1缶 100g

成分値は缶汁を含んだもの

エネルギー	219kcal	炭水化物	9.7g
たんぱく質	17.4g	食物繊維	〔0〕
脂質	13.0g	食塩相当量	1.5g

さばみそ煮缶詰め 1缶 190g

成分値は
缶汁を含んだもの

エネルギー	399kcal	炭水化物	12.5g
たんぱく質	31.0g	食物繊維	〔0〕
脂質	26.4g	食塩相当量	2.1g

さば水煮缶詰め 1缶 190g

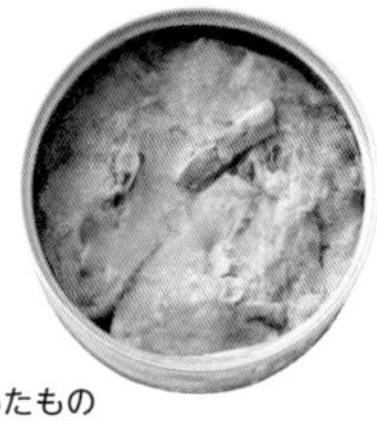

成分値は
缶汁を除いたもの

エネルギー	331kcal	炭水化物	0.4g
たんぱく質	39.7g	食物繊維	〔0〕
脂質	20.3g	食塩相当量	1.7g

鮭水煮缶詰め 1缶 220g

からふとます。
成分値は
缶汁を除いたもの

エネルギー	319kcal	炭水化物	0.2g
たんぱく質	45.5g	食物繊維	〔0〕
脂質	15.8g	食塩相当量	2.0g

かに水煮缶詰め 中1缶 110g

ずわいがに。
成分値は
缶汁を除いたもの

エネルギー	76kcal	炭水化物	0.2g
たんぱく質	17.9g	食物繊維	〔0〕
脂質	0.4g	食塩相当量	1.9g

あさり水煮缶詰め 小1缶 45g

成分値は
缶汁を除いたもの

エネルギー	46kcal	炭水化物	0.9g
たんぱく質	9.1g	食物繊維	〔0〕
脂質	1.0g	食塩相当量	0.5g

アンチョビフィレ 1缶 50g

成分値は缶汁を除いたもの

エネルギー	79kcal	炭水化物	0.1g
たんぱく質	12.1g	食物繊維	〔0〕
脂質	3.4g	食塩相当量	6.6g

オイルサーディン 1缶 105g

成分値は缶汁を含んだもの

エネルギー	369kcal	炭水化物	0.3g
たんぱく質	21.3g	食物繊維	〔0〕
脂質	32.2g	食塩相当量	0.8g

ほたて貝柱水煮缶詰め 1缶 80g

成分値は
缶汁を除いたもの

エネルギー	70kcal	炭水化物	1.2g
たんぱく質	15.6g	食物繊維	〔0〕
脂質	0.5g	食塩相当量	0.8g

●海藻・海藻加工品

こんぶ(素干し) 10cm角 4g

成分値は
みついしこんぶのもの

エネルギー	9 kcal	炭水化物	2.6 g
たんぱく質	0.3 g	食物繊維	1.4 g
脂質	0.1 g	食塩相当量	0.3 g

角寒天(乾燥) 棒寒天 1本 8g

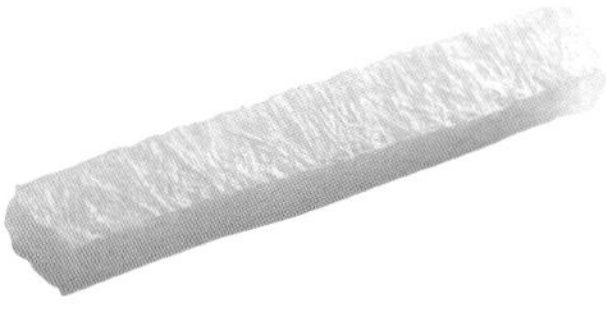

エネルギー	13 kcal	炭水化物	5.9 g
たんぱく質	0.2 g	食物繊維	5.9 g
脂質	微	食塩相当量	微

あおのり(素干し・粉) 大さじ1杯 2g

エネルギー	5 kcal	炭水化物	0.8 g
たんぱく質	0.6 g	食物繊維	0.7 g
脂質	0.1 g	食塩相当量	0.2 g

カットわかめ 2g

エネルギー	4 kcal	炭水化物	0.8 g
たんぱく質	0.4 g	食物繊維	0.8 g
脂質	0.1 g	食塩相当量	0.5 g

ところてん 1食 50g

成分値には味つけの調味料は含まない

エネルギー	1 kcal	炭水化物	0.3 g
たんぱく質	0.1 g	食物繊維	0.3 g
脂質	0 g	食塩相当量	0 g

削りこんぶ 5g

エネルギー	9 kcal	炭水化物	2.5 g
たんぱく質	0.3 g	食物繊維	1.4 g
脂質	微	食塩相当量	0.3 g

干しひじき 10g

エネルギー	18 kcal	炭水化物	5.8 g
たんぱく質	0.9 g	食物繊維	5.2 g
脂質	0.3 g	食塩相当量	0.5 g

めかぶわかめ 1パック 50g

エネルギー	7 kcal	炭水化物	1.7 g
たんぱく質	0.5 g	食物繊維	1.7 g
脂質	0.3 g	食塩相当量	0.2 g

わかめ(湯通し塩蔵・塩抜き) 10g

エネルギー	1 kcal	炭水化物	0.3 g
たんぱく質	0.2 g	食物繊維	0.3 g
脂質	微	食塩相当量	0.1 g

のりの佃煮 20g

エネルギー	30 kcal	炭水化物	4.2 g
たんぱく質	2.9 g	食物繊維	0.8 g
脂質	0.3 g	食塩相当量	1.2 g

焼きのり 1枚分 3g

エネルギー	9 kcal	炭水化物	1.3 g
たんぱく質	1.2 g	食物繊維	1.1 g
脂質	0.1 g	食塩相当量	微

もずく(塩蔵・塩抜き) 1パック 50g

成分値には味つけの調味料は含まない

エネルギー	2 kcal	炭水化物	0.7 g
たんぱく質	0.1 g	食物繊維	0.7 g
脂質	0.1 g	食塩相当量	0.1 g

卵白 Mサイズ 1個分 35.5g

エネルギー	16kcal	炭水化物	0.2g
たんぱく質	3.6g	食物繊維	0g
脂質	微	食塩相当量	0.2g

卵黄 Mサイズ 1個分 15.8g

エネルギー	53kcal	炭水化物	微
たんぱく質	2.6g	食物繊維	微
脂質	5.4g	食塩相当量	微

鶏卵 Mサイズ 1個 60g
（正味 51g）

エネルギー	72kcal	炭水化物	0.2g
たんぱく質	6.2g	食物繊維	0g
脂質	5.2g	食塩相当量	0.2g

ピータン 1個 100g
（正味 55g）

エネルギー	103kcal	炭水化物	0g
たんぱく質	7.5g	食物繊維	〔0〕
脂質	9.1g	食塩相当量	1.1g

うずら卵水煮缶詰め
1個 10g

エネルギー	16kcal	炭水化物	0.1g
たんぱく質	1.1g	食物繊維	〔0〕
脂質	1.4g	食塩相当量	0.1g

うずら卵 1個 10g
（正味 9g）

エネルギー	14kcal	炭水化物	微
たんぱく質	1.1g	食物繊維	〔0〕
脂質	1.2g	食塩相当量	微

プレーンヨーグルト
100g

エネルギー	56kcal	炭水化物	4.9g
たんぱく質	3.6g	食物繊維	〔0〕
脂質	3.0g	食塩相当量	0.1g

牛乳（低脂肪）
コップ1杯（200㎖）210g

エネルギー	88kcal	炭水化物	11.6g
たんぱく質	8.0g	食物繊維	〔0〕
脂質	2.1g	食塩相当量	0.4g

牛乳（普通）
コップ1杯（200㎖）210g

エネルギー	128kcal	炭水化物	10.1g
たんぱく質	6.9g	食物繊維	〔0〕
脂質	8.0g	食塩相当量	0.2g

コーヒーホワイトナー
（液状・乳脂肪）5g

エネルギー	10kcal	炭水化物	0.3g
たんぱく質	0.3g	食物繊維	〔0〕
脂質	0.9g	食塩相当量	微

生クリーム（乳脂肪）
大さじ1杯 15g

エネルギー	61kcal	炭水化物	1.0g
たんぱく質	0.3g	食物繊維	0g
脂質	6.5g	食塩相当量	微

ドリンクヨーグルト
コップ1杯（200㎖）210g

エネルギー	134kcal	炭水化物	25.6g
たんぱく質	6.1g	食物繊維	〔0〕
脂質	1.1g	食塩相当量	0.2g

●乳製品

プロセスチーズ ブロックタイプ1個 20g

エネルギー	63kcal	炭水化物	0.3g
たんぱく質	4.5g	食物繊維	(0)
脂質	5.2g	食塩相当量	0.6g

スキムミルク 大さじ1杯 8g

エネルギー	28kcal	炭水化物	4.3g
たんぱく質	2.7g	食物繊維	(0)
脂質	0.1g	食塩相当量	0.1g

エバミルク 大さじ1杯 18g

エネルギー	24kcal	炭水化物	2.0g
たんぱく質	1.2g	食物繊維	(0)
脂質	1.4g	食塩相当量	0.1g

カッテージチーズ 50g

エネルギー	50kcal	炭水化物	1.0g
たんぱく質	6.7g	食物繊維	(0)
脂質	2.3g	食塩相当量	0.5g

ピザ用チーズ 50g

市販品で計測

エネルギー	183kcal	炭水化物	1.0g
たんぱく質	14.1g	食物繊維	0.9g
脂質	14.1g	食塩相当量	0.9g

スライスチーズ スライスタイプ1枚 19g

エネルギー	59kcal	炭水化物	0.2g
たんぱく質	4.3g	食物繊維	(0)
脂質	4.9g	食塩相当量	0.5g

チェダーチーズ 1切れ 25g

エネルギー	98kcal	炭水化物	0.4g
たんぱく質	6.4g	食物繊維	(0)
脂質	8.5g	食塩相当量	0.5g

クリームチーズ 50g

エネルギー	157kcal	炭水化物	1.2g
たんぱく質	4.1g	食物繊維	(0)
脂質	16.5g	食塩相当量	0.4g

カマンベールチーズ 1/4切れ25g

エネルギー	73kcal	炭水化物	0.2g
たんぱく質	4.8g	食物繊維	(0)
脂質	6.2g	食塩相当量	0.5g

モッツァレラチーズ 1切れ 30g

エネルギー	81kcal	炭水化物	1.3g
たんぱく質	5.5g	食物繊維	(0)
脂質	6.0g	食塩相当量	0.1g

パルメザンチーズ 大さじ1杯8g

エネルギー	36kcal	炭水化物	0.2g
たんぱく質	3.5g	食物繊維	(0)
脂質	2.5g	食塩相当量	0.3g

ゴーダチーズ 1切れ 25g

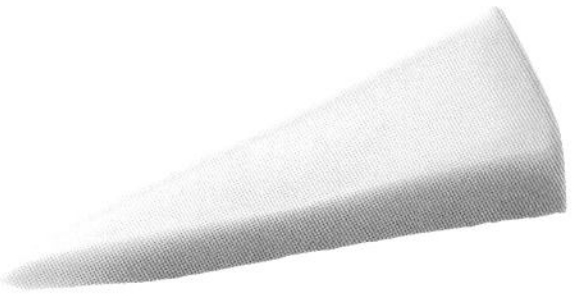

エネルギー	89kcal	炭水化物	0.4g
たんぱく質	6.5g	食物繊維	(0)
脂質	7.3g	食塩相当量	0.5g

絹ごし豆腐 1丁 300g

エネルギー	168kcal	炭水化物	6.0g
たんぱく質	15.9g	食物繊維	2.7g
脂質	10.5g	食塩相当量	0g

木綿豆腐 1丁 300g

エネルギー	219kcal	炭水化物	4.5g
たんぱく質	21.0g	食物繊維	3.3g
脂質	14.7g	食塩相当量	0g

大豆（ゆで） 1/4カップ 30g

エネルギー	49kcal	炭水化物	2.5g
たんぱく質	4.4g	食物繊維	2.6g
脂質	2.9g	食塩相当量	0g

絹ごし豆腐 1/3丁 100g

エネルギー	56kcal	炭水化物	2.0g
たんぱく質	5.3g	食物繊維	0.9g
脂質	3.5g	食塩相当量	0g

木綿豆腐 1/3丁 100g

エネルギー	73kcal	炭水化物	1.5g
たんぱく質	7.0g	食物繊維	1.1g
脂質	4.9g	食塩相当量	0g

大豆（水煮缶詰め） 1/4カップ 30g

エネルギー	37kcal	炭水化物	2.3g
たんぱく質	3.9g	食物繊維	2.0g
脂質	2.0g	食塩相当量	0.2g

油揚げ 1/2枚 10g

エネルギー	38kcal	炭水化物	微
たんぱく質	2.3g	食物繊維	0.1g
脂質	3.4g	食塩相当量	0g

厚揚げ 1/3枚 50g

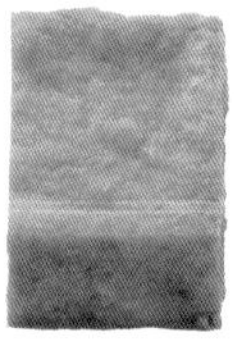

エネルギー	72kcal	炭水化物	0.5g
たんぱく質	5.4g	食物繊維	0.4g
脂質	5.7g	食塩相当量	0g

焼き豆腐 1/3丁 100g

エネルギー	82kcal	炭水化物	1.0g
たんぱく質	7.8g	食物繊維	0.5g
脂質	5.7g	食塩相当量	0g

高野豆腐 1個 20g

エネルギー	99kcal	炭水化物	0.8g
たんぱく質	10.1g	食物繊維	0.5g
脂質	6.8g	食塩相当量	0.2g

納豆 1パック 50g

エネルギー	95kcal	炭水化物	6.1g
たんぱく質	8.3g	食物繊維	3.4g
脂質	5.0g	食塩相当量	0g

がんもどき 中1個 70g

エネルギー	156kcal	炭水化物	1.1g
たんぱく質	10.7g	食物繊維	1.0g
脂質	12.5g	食塩相当量	0.4g

●大豆製品、大豆以外の豆

調製豆乳プレーン コップ1杯(200mℓ) 210g

エネルギー	132kcal	炭水化物	10.1g
たんぱく質	6.7g	食物繊維	0.6g
脂質	7.6g	食塩相当量	0.2g

豆乳 コップ1杯(200mℓ) 210g

エネルギー	92kcal	炭水化物	6.5g
たんぱく質	7.6g	食物繊維	0.4g
脂質	4.2g	食塩相当量	0g

おから カップ1杯 80g

エネルギー	70kcal	炭水化物	11.0g
たんぱく質	4.9g	食物繊維	9.2g
脂質	2.9g	食塩相当量	0g

きな粉 大さじ1杯 5g

エネルギー	23kcal	炭水化物	1.4g
たんぱく質	1.8g	食物繊維	0.9g
脂質	1.3g	食塩相当量	0g

ゆば(干し) 2枚 5g

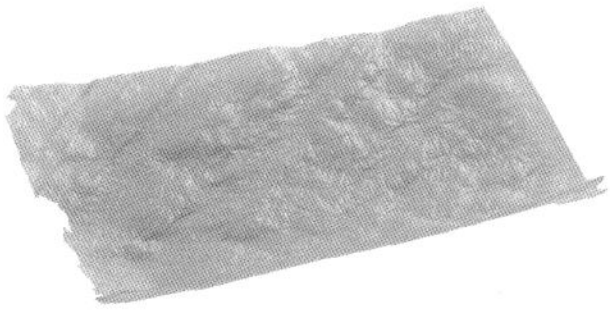

エネルギー	24kcal	炭水化物	0.4g
たんぱく質	2.5g	食物繊維	0.2g
脂質	1.6g	食塩相当量	0g

ゆば(生) 1枚 15g

エネルギー	33kcal	炭水化物	0.6g
たんぱく質	3.3g	食物繊維	0.1g
脂質	2.1g	食塩相当量	0g

ひよこ豆(ゆで) 20g

エネルギー	30kcal	炭水化物	5.5g
たんぱく質	1.9g	食物繊維	2.3g
脂質	0.5g	食塩相当量	0g

金時豆(ゆで) 20g

白金時、
手亡類など含む

エネルギー	25kcal	炭水化物	4.9g
たんぱく質	1.9g	食物繊維	2.7g
脂質	0.2g	食塩相当量	0g

あずき(ゆで) 20g

エネルギー	25kcal	炭水化物	5.1g
たんぱく質	1.7g	食物繊維	2.4g
脂質	0.2g	食塩相当量	0g

うぐいす豆 20g

青えんどうの煮豆

エネルギー	46kcal	炭水化物	10.6g
たんぱく質	1.1g	食物繊維	1.1g
脂質	0.1g	食塩相当量	0.1g

うずら豆(煮豆) 20g

エネルギー	43kcal	炭水化物	9.9g
たんぱく質	1.3g	食物繊維	1.2g
脂質	0.3g	食塩相当量	0.1g

あずき(ゆで・缶詰め) 20g

砂糖添加。液汁を含む

エネルギー	40kcal	炭水化物	9.8g
たんぱく質	0.9g	食物繊維	0.7g
脂質	0.1g	食塩相当量	微

オクラ 1本 8g
（正味 7g）

エネルギー	2kcal	炭水化物	0.5g
たんぱく質	0.1g	食物繊維	0.4g
脂質	微	食塩相当量	0g

枝豆（ゆで） 10さや 30g
（正味 15g）

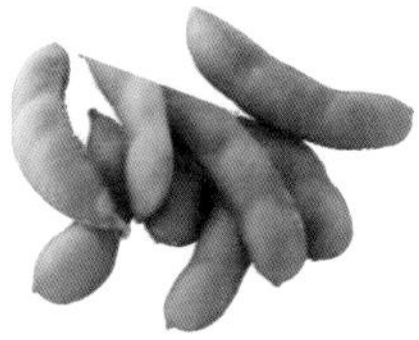

エネルギー	18kcal	炭水化物	1.3g
たんぱく質	1.7g	食物繊維	0.7g
脂質	0.9g	食塩相当量	0g

青じそ 1束10枚 10g

エネルギー	3kcal	炭水化物	0.8g
たんぱく質	0.4g	食物繊維	0.7g
脂質	微	食塩相当量	0g

グリーンアスパラガス 太3本 90g
（正味 72g）

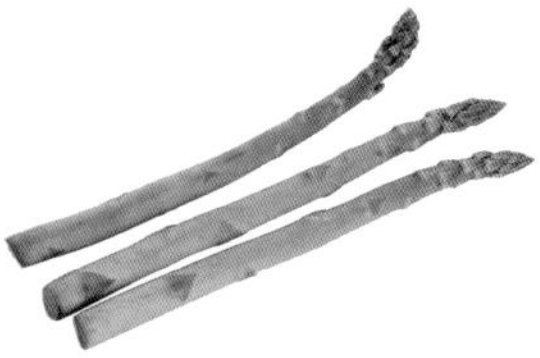

エネルギー	15kcal	炭水化物	2.8g
たんぱく質	1.9g	食物繊維	1.3g
脂質	0.1g	食塩相当量	0g

かぼちゃ 4cm角2切れ 67g
（正味 60g）

エネルギー	47kcal	炭水化物	12.4g
たんぱく質	1.1g	食物繊維	2.1g
脂質	0.2g	食塩相当量	0g

貝割れ大根 1パック80g
（正味 76g）

エネルギー	16kcal	炭水化物	2.5g
たんぱく質	1.6g	食物繊維	1.4g
脂質	0.4g	食塩相当量	0g

香菜 1茎 40g
（正味 36g）

エネルギー	6kcal	炭水化物	1.7g
たんぱく質	0.5g	食物繊維	1.5g
脂質	0.2g	食塩相当量	0g

クレソン 1束4本 24g
（正味 20g）

エネルギー	3kcal	炭水化物	0.5g
たんぱく質	0.4g	食物繊維	0.5g
脂質	微	食塩相当量	微

グリンピース（ゆで） 30g

エネルギー	30kcal	炭水化物	5.6g
たんぱく質	2.5g	食物繊維	2.6g
脂質	0.1g	食塩相当量	0g

サニーレタス 1株 300g
（正味 282g）

エネルギー	42kcal	炭水化物	9.0g
たんぱく質	3.4g	食物繊維	5.6g
脂質	0.6g	食塩相当量	0g

さやいんげん 5本 40g
（正味 39g）

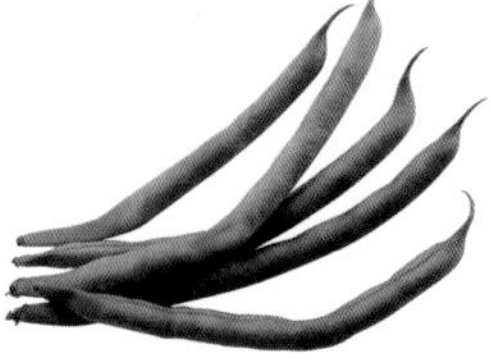

エネルギー	9kcal	炭水化物	2.0g
たんぱく質	0.7g	食物繊維	0.9g
脂質	微	食塩相当量	0g

小松菜 1株 50g
（正味 43g）

エネルギー	6kcal	炭水化物	1.0g
たんぱく質	0.6g	食物繊維	0.8g
脂質	0.1g	食塩相当量	0g

●緑黄色野菜

そら豆（ゆで） 10粒 50g
（正味 38g）

エネルギー	39kcal	炭水化物	6.4g
たんぱく質	4.0g	食物繊維	1.5g
脂質	0.1g	食塩相当量	0g

しゅんぎく 1本 30g

エネルギー	6kcal	炭水化物	1.2g
たんぱく質	0.7g	食物繊維	1.0g
脂質	0.1g	食塩相当量	0.1g

さやえんどう 10枚 20g
（正味 18g）

エネルギー	7kcal	炭水化物	1.4g
たんぱく質	0.6g	食物繊維	0.5g
脂質	微	食塩相当量	0g

ミニトマト 1個 10g

エネルギー	3kcal	炭水化物	0.7g
たんぱく質	0.1g	食物繊維	0.1g
脂質	微	食塩相当量	0g

トマト 中1個 150g
（正味 146g）

エネルギー	29kcal	炭水化物	6.9g
たんぱく質	1.0g	食物繊維	1.5g
脂質	0.1g	食塩相当量	0g

チンゲンサイ 1株 100g
（正味 85g）

エネルギー	8kcal	炭水化物	1.7g
たんぱく質	0.5g	食物繊維	1.0g
脂質	0.1g	食塩相当量	0.1g

にら 10茎 100g
（正味 95g）

エネルギー	17kcal	炭水化物	3.8g
たんぱく質	1.6g	食物繊維	2.6g
脂質	0.3g	食塩相当量	0g

菜の花 1本 10g

エネルギー	3kcal	炭水化物	0.6g
たんぱく質	0.4g	食物繊維	0.4g
脂質	微	食塩相当量	0g

万能ねぎ 10本 30g
（正味 27g）

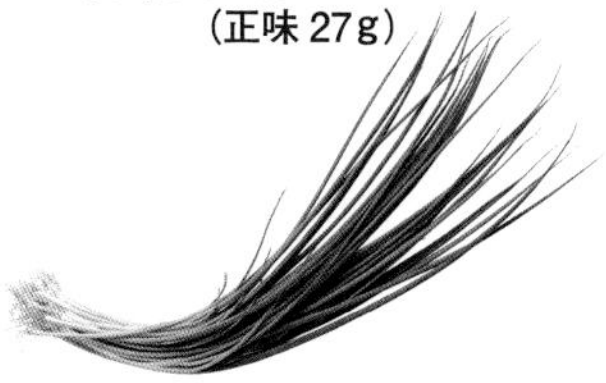

あさつきも同じ成分値

エネルギー	7kcal	炭水化物	1.5g
たんぱく質	0.5g	食物繊維	0.7g
脂質	0.1g	食塩相当量	0g

ピーマン 中1個 40g
（正味 34g）

エネルギー	7kcal	炭水化物	1.7g
たんぱく質	0.3g	食物繊維	0.8g
脂質	0.1g	食塩相当量	0g

パセリ 1本 10g
（正味 9g）

エネルギー	3kcal	炭水化物	0.7g
たんぱく質	0.4g	食物繊維	0.6g
脂質	0.1g	食塩相当量	0g

にんじん 中1本200g
（正味 180g）

エネルギー	54kcal	炭水化物	15.7g
たんぱく質	1.4g	食物繊維	4.3g
脂質	0.2g	食塩相当量	0.2g

●緑黄色野菜、淡色野菜

ほうれんそう 1株 30g
（正味 27g）

エネルギー	5 kcal	炭水化物	0.8 g
たんぱく質	0.6 g	食物繊維	0.8 g
脂質	0.1 g	食塩相当量	0 g

ブロッコリー 3房 50g

エネルギー	19 kcal	炭水化物	3.3 g
たんぱく質	2.7 g	食物繊維	2.6 g
脂質	0.3 g	食塩相当量	微

赤ピーマン 1個 150g
（正味 135g）

エネルギー	38 kcal	炭水化物	9.7 g
たんぱく質	1.4 g	食物繊維	2.2 g
脂質	0.3 g	食塩相当量	0 g

モロヘイヤ 1束 110g
（正味 83g）

エネルギー	30 kcal	炭水化物	5.2 g
たんぱく質	4.0 g	食物繊維	4.9 g
脂質	0.4 g	食塩相当量	0 g

三つ葉（糸三つ葉） 1本 25g
（正味 23g）

エネルギー	3 kcal	炭水化物	0.7 g
たんぱく質	0.2 g	食物繊維	0.5 g
脂質	微	食塩相当量	0 g

水菜 1株 80g
（正味 68g）

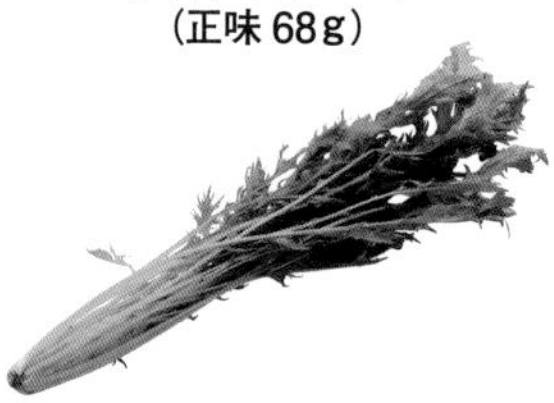

エネルギー	16 kcal	炭水化物	3.3 g
たんぱく質	1.5 g	食物繊維	2.0 g
脂質	0.1 g	食塩相当量	0.1 g

キャベツ 1枚 100g

エネルギー	21 kcal	炭水化物	5.2 g
たんぱく質	1.3 g	食物繊維	1.8 g
脂質	0.2 g	食塩相当量	0 g

カリフラワー 3房 75g

エネルギー	21 kcal	炭水化物	3.9 g
たんぱく質	2.3 g	食物繊維	2.2 g
脂質	0.1 g	食塩相当量	0 g

かぶ 中1個 80g
（正味 73g）

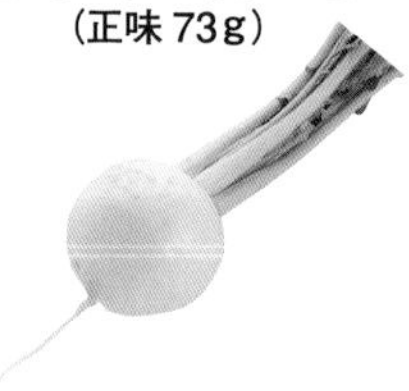

成分値は
皮つきのもの

エネルギー	13 kcal	炭水化物	3.4 g
たんぱく質	0.5 g	食物繊維	1.1 g
脂質	0.1 g	食塩相当量	0 g

しょうが 1個 90g
（正味 72g）

エネルギー	20 kcal	炭水化物	4.8 g
たんぱく質	0.6 g	食物繊維	1.5 g
脂質	0.2 g	食塩相当量	0 g

ごぼう 中1/2本 100g
（正味 90g）

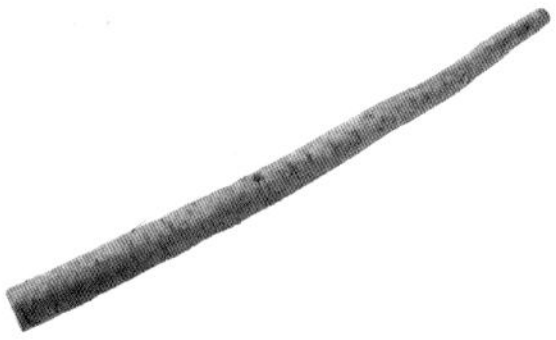

エネルギー	52 kcal	炭水化物	13.9 g
たんぱく質	1.6 g	食物繊維	5.1 g
脂質	0.1 g	食塩相当量	0 g

きゅうり 1本 100g
（正味 98g）

エネルギー	13 kcal	炭水化物	2.9 g
たんぱく質	1.0 g	食物繊維	1.1 g
脂質	0.1 g	食塩相当量	0 g

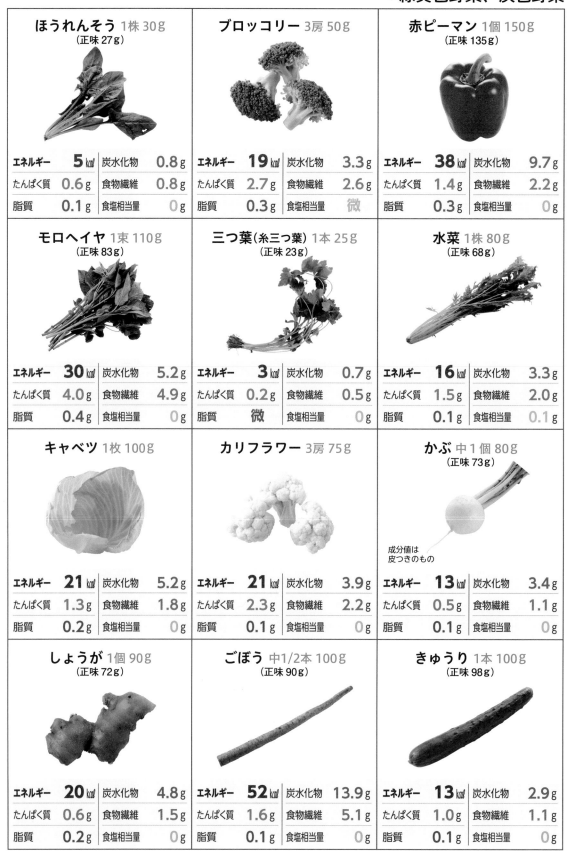

●淡色野菜

大根（根） 1/4本 200g
（正味 170g）

エネルギー	36 kcal	炭水化物	7.0 g
たんぱく質	0.7 g	食物繊維	2.2 g
脂質	0.2 g	食塩相当量	0 g

セロリ 1本 150g
（正味 98g）

エネルギー	12 kcal	炭水化物	3.5 g
たんぱく質	0.4 g	食物繊維	1.5 g
脂質	0.1 g	食塩相当量	0.1 g

ズッキーニ 1本 150g
（正味 144g）

エネルギー	23 kcal	炭水化物	4.0 g
たんぱく質	1.9 g	食物繊維	1.9 g
脂質	0.1 g	食塩相当量	0 g

とうもろこし（ゆで） 1/2本 160g
（正味 112g）

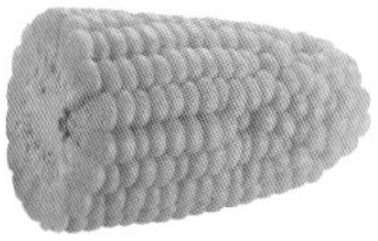

成分値はスイートコーンのもの

エネルギー	106 kcal	炭水化物	20.8 g
たんぱく質	3.9 g	食物繊維	3.5 g
脂質	1.9 g	食塩相当量	0 g

玉ねぎ 1個 200g
（正味 188g）

エネルギー	62 kcal	炭水化物	15.8 g
たんぱく質	1.9 g	食物繊維	2.8 g
脂質	0.2 g	食塩相当量	0 g

たけのこ（ゆで） 小1/4本 75g

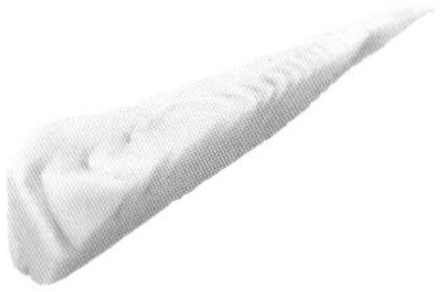

エネルギー	23 kcal	炭水化物	4.1 g
たんぱく質	2.6 g	食物繊維	2.5 g
脂質	0.2 g	食塩相当量	0 g

にがうり 1/2本 100g
（正味 85g）

エネルギー	13 kcal	炭水化物	3.3 g
たんぱく質	0.9 g	食物繊維	2.2 g
脂質	0.1 g	食塩相当量	0 g

なす 中1個 80g
（正味 72g）

エネルギー	13 kcal	炭水化物	3.7 g
たんぱく質	0.8 g	食物繊維	1.6 g
脂質	0.1 g	食塩相当量	0 g

長ねぎ 1本 120g
（正味 72g）

エネルギー	25 kcal	炭水化物	6.0 g
たんぱく質	1.0 g	食物繊維	1.8 g
脂質	0.1 g	食塩相当量	0 g

茎にんにく 10本 120g

エネルギー	53 kcal	炭水化物	12.7 g
たんぱく質	2.3 g	食物繊維	4.6 g
脂質	0.4 g	食塩相当量	0 g

白菜 1/4個 750g
（正味 705g）

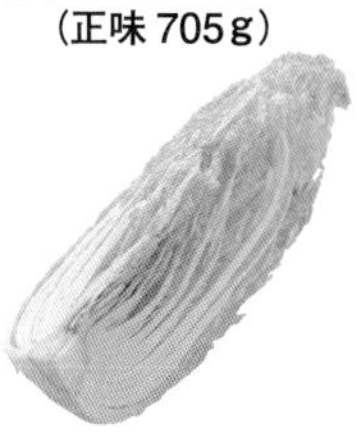

エネルギー	92 kcal	炭水化物	22.6 g
たんぱく質	5.6 g	食物繊維	9.2 g
脂質	0.7 g	食塩相当量	0 g

にんにく 1片 11g
（正味 10g）

エネルギー	13 kcal	炭水化物	2.8 g
たんぱく質	0.6 g	食物繊維	0.6 g
脂質	0.1 g	食塩相当量	0 g

大豆もやし 1/4袋 50g
（正味 48g）

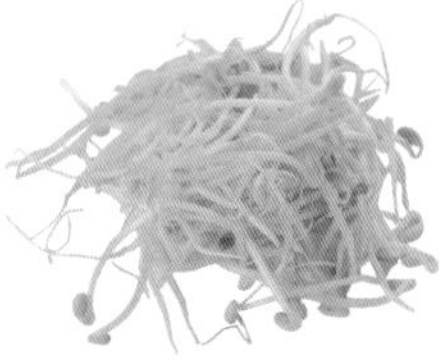

エネルギー	14 kcal	炭水化物	1.1 g
たんぱく質	1.8 g	食物繊維	1.1 g
脂質	0.7 g	食塩相当量	0 g

もやし（ブラックマッペ） 1/4袋 50g

エネルギー	9 kcal	炭水化物	1.4 g
たんぱく質	1.1 g	食物繊維	0.8 g
脂質	微	食塩相当量	0 g

ホワイトアスパラガス（水煮缶詰め） 3本 45g

エネルギー	11 kcal	炭水化物	1.9 g
たんぱく質	1.1 g	食物繊維	0.8 g
脂質	微	食塩相当量	0.4 g

れんこん 小1節 150g
（正味 120g）

エネルギー	79 kcal	炭水化物	18.6 g
たんぱく質	2.3 g	食物繊維	2.4 g
脂質	0.1 g	食塩相当量	0.1 g

レタス 中1/2個 200g
（正味 196g）

エネルギー	22 kcal	炭水化物	5.5 g
たんぱく質	1.2 g	食物繊維	2.2 g
脂質	0.2 g	食塩相当量	0 g

みょうが 3個 45g
（正味 44g）

エネルギー	5 kcal	炭水化物	1.1 g
たんぱく質	0.4 g	食物繊維	0.9 g
脂質	微	食塩相当量	0 g

じゃがいも（メークイン） 1個 120g（正味 108g）

エネルギー	64 kcal	炭水化物	18.7 g
たんぱく質	1.9 g	食物繊維	9.6 g
脂質	0.1 g	食塩相当量	0 g

じゃがいも 1個 150g
（正味 135g）

エネルギー	80 kcal	炭水化物	23.4 g
たんぱく質	2.4 g	食物繊維	12.0 g
脂質	0.1 g	食塩相当量	0 g

さつまいも 125g
（正味 114g）

エネルギー	144 kcal	炭水化物	36.4 g
たんぱく質	1.4 g	食物繊維	2.5 g
脂質	0.2 g	食塩相当量	0 g

やまといも 小1/2個 100g
（正味 90g）

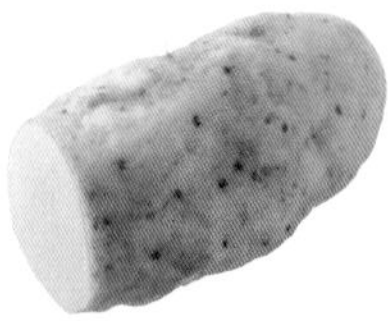

エネルギー	107 kcal	炭水化物	24.4 g
たんぱく質	4.1 g	食物繊維	2.3 g
脂質	0.2 g	食塩相当量	0 g

長いも 5cm長さ 100g
（正味 90g）

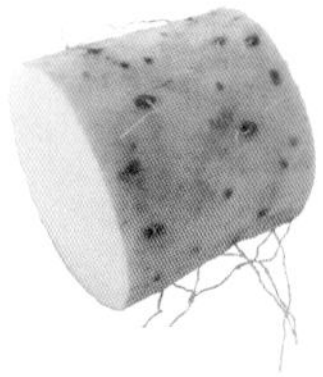

エネルギー	58 kcal	炭水化物	12.5 g
たんぱく質	2.0 g	食物繊維	0.9 g
脂質	0.3 g	食塩相当量	0 g

さといも 中1個 70g
（正味 60g）

エネルギー	32 kcal	炭水化物	7.9 g
たんぱく質	0.9 g	食物繊維	1.4 g
脂質	0.1 g	食塩相当量	0 g

●野菜・いも加工品、山菜

メンマ 1食分 30g

成分値は塩抜きしたもの

エネルギー	5kcal	炭水化物	1.1g
たんぱく質	0.3g	食物繊維	1.1g
脂質	0.2g	食塩相当量	0.3g

高菜漬け 1食分 25g

エネルギー	8kcal	炭水化物	1.6g
たんぱく質	0.5g	食物繊維	1.0g
脂質	0.2g	食塩相当量	1.0g

キムチ（白菜） 1食分 30g

エネルギー	8kcal	炭水化物	1.6g
たんぱく質	0.7g	食物繊維	0.7g
脂質	微	食塩相当量	0.9g

はるさめ 1/2袋 40g

主材料がじゃがいも・
さつまいもでんぷんのもの

エネルギー	138kcal	炭水化物	34.6g
たんぱく質	0g	食物繊維	0.5g
脂質	0.1g	食塩相当量	0g

しらたき 小1玉 90g

エネルギー	6kcal	炭水化物	2.7g
たんぱく質	0.2g	食物繊維	2.6g
脂質	微	食塩相当量	0g

板こんにゃく 1枚 200g

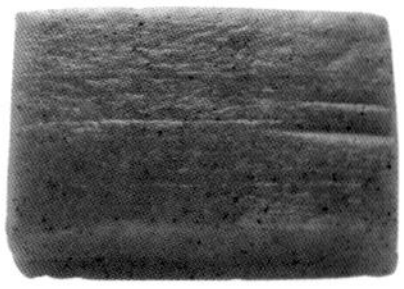

エネルギー	10kcal	炭水化物	4.6g
たんぱく質	0.2g	食物繊維	4.4g
脂質	微	食塩相当量	0g

たらの芽 1個 10g（正味7g）

エネルギー	2kcal	炭水化物	0.3g
たんぱく質	0.3g	食物繊維	0.3g
脂質	微	食塩相当量	0g

こごみ 小10本 50g

エネルギー	13kcal	炭水化物	2.7g
たんぱく質	1.5g	食物繊維	2.6g
脂質	0.1g	食塩相当量	0g

うど 中1本 400g（正味 260g）

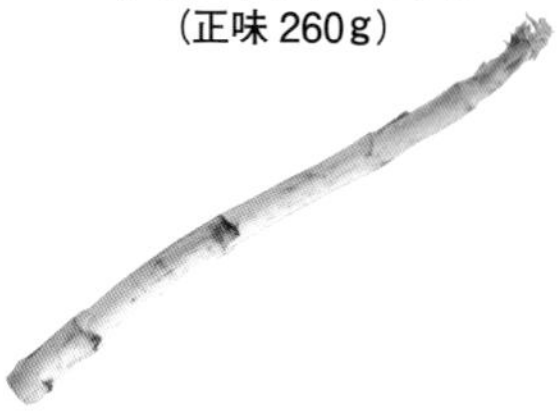

エネルギー	49kcal	炭水化物	11.2g
たんぱく質	2.1g	食物繊維	3.6g
脂質	0.3g	食塩相当量	0g

わらび 10本 60g（正味 56g）

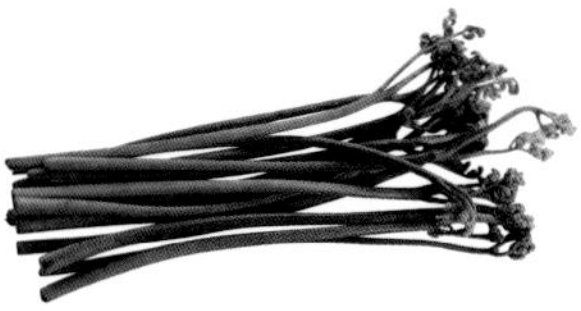

エネルギー	11kcal	炭水化物	2.2g
たんぱく質	1.3g	食物繊維	2.0g
脂質	0.1g	食塩相当量	0g

ふきのとう 1個 8g

エネルギー	3kcal	炭水化物	0.8g
たんぱく質	0.2g	食物繊維	0.5g
脂質	微	食塩相当量	0g

ふき 30cm長さ 3本 90g（正味 81g）

エネルギー	9kcal	炭水化物	2.4g
たんぱく質	0.2g	食物繊維	1.1g
脂質	0g	食塩相当量	0.1g

しめじ（ぶなしめじ）
1パック 100g（正味 90g）

エネルギー	20 kcal	炭水化物	4.3 g
たんぱく質	2.4 g	食物繊維	3.2 g
脂質	0.5 g	食塩相当量	0 g

エリンギ 中1本 30g
（正味 28g）

エネルギー	9 kcal	炭水化物	1.7 g
たんぱく質	0.8 g	食物繊維	1.0 g
脂質	0.1 g	食塩相当量	0 g

えのきだけ 1袋 100g
（正味 85g）

エネルギー	29 kcal	炭水化物	6.5 g
たんぱく質	2.3 g	食物繊維	3.3 g
脂質	0.2 g	食塩相当量	0 g

まいたけ 1パック 100g
（正味 90g）

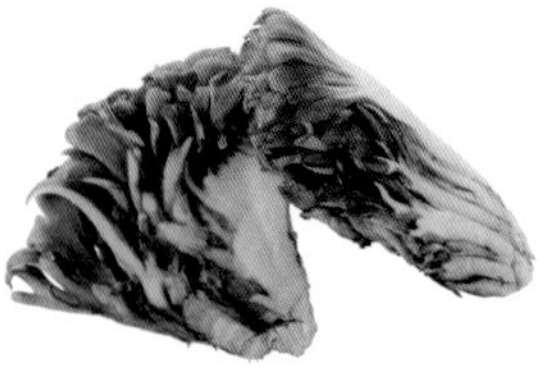

エネルギー	20 kcal	炭水化物	4.0 g
たんぱく質	1.8 g	食物繊維	3.2 g
脂質	0.5 g	食塩相当量	0 g

干ししいたけ 2個 8g
（正味 6g）

エネルギー	15 kcal	炭水化物	3.8 g
たんぱく質	1.3 g	食物繊維	2.8 g
脂質	0.2 g	食塩相当量	微

しいたけ 2個 30g
（正味 24g）

エネルギー	6 kcal	炭水化物	1.5 g
たんぱく質	0.7 g	食物繊維	1.2 g
脂質	0.1 g	食塩相当量	0 g

なめこ（ゆで）
1/2袋 50g

エネルギー	11 kcal	炭水化物	2.6 g
たんぱく質	0.8 g	食物繊維	1.4 g
脂質	0.1 g	食塩相当量	0 g

マッシュルーム（水煮缶詰め）
100g

エネルギー	18 kcal	炭水化物	3.3 g
たんぱく質	3.4 g	食物繊維	3.2 g
脂質	0.2 g	食塩相当量	0.9 g

マッシュルーム（ホワイト）
1個 10g

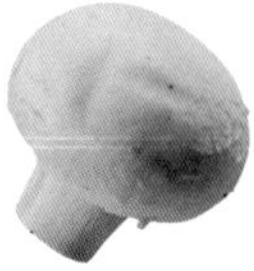

エネルギー	2 kcal	炭水化物	0.2 g
たんぱく質	0.3 g	食物繊維	0.2 g
脂質	微	食塩相当量	0 g

きくらげ（黒・乾燥）5g

エネルギー	11 kcal	炭水化物	3.6 g
たんぱく質	0.4 g	食物繊維	2.9 g
脂質	0.1 g	食塩相当量	微

きくらげ（白・乾燥）5g

エネルギー	9 kcal	炭水化物	3.7 g
たんぱく質	0.2 g	食物繊維	3.4 g
脂質	微	食塩相当量	微

ひらたけ 30g
（正味 28g）

エネルギー	10 kcal	炭水化物	1.7 g
たんぱく質	0.9 g	食物繊維	0.7 g
脂質	0.1 g	食塩相当量	0 g

●種実・種実加工品

カシューナッツ（フライ・味つけ） 15g

エネルギー	89 kcal	炭水化物	4.0 g
たんぱく質	3.0 g	食物繊維	1.0 g
脂質	7.1 g	食塩相当量	0.1 g

梅干し 中1個 7g（正味 5g）

エネルギー	1 kcal	炭水化物	0.4 g
たんぱく質	微	食物繊維	0.2 g
脂質	微	食塩相当量	0.9 g

アーモンド（フライ・味つけ） 15g

エネルギー	94 kcal	炭水化物	2.7 g
たんぱく質	3.2 g	食物繊維	1.5 g
脂質	8.4 g	食塩相当量	微

栗（甘露煮） 1個 15g

エネルギー	35 kcal	炭水化物	8.5 g
たんぱく質	0.3 g	食物繊維	0.4 g
脂質	0.1 g	食塩相当量	0 g

栗 3個 60g（正味 42g）

エネルギー	62 kcal	炭水化物	15.5 g
たんぱく質	1.2 g	食物繊維	1.8 g
脂質	0.2 g	食塩相当量	0 g

ぎんなん（殻つき） 40g（正味 30g）

エネルギー	50 kcal	炭水化物	10.4 g
たんぱく質	1.4 g	食物繊維	0.5 g
脂質	0.5 g	食塩相当量	0 g

ピーナッツ（いり） 25g（正味 18g）

別名落花生。
小粒種

エネルギー	109 kcal	炭水化物	3.5 g
たんぱく質	4.8 g	食物繊維	1.3 g
脂質	8.9 g	食塩相当量	0 g

ごま（いり） 大さじ1杯 6g

エネルギー	36 kcal	炭水化物	1.1 g
たんぱく質	1.2 g	食物繊維	0.8 g
脂質	3.3 g	食塩相当量	0 g

くるみ（いり） 20g

エネルギー	143 kcal	炭水化物	2.3 g
たんぱく質	2.9 g	食物繊維	1.5 g
脂質	13.8 g	食塩相当量	0 g

マカデミアナッツ（いり・味つけ） 30g

エネルギー	225 kcal	炭水化物	3.7 g
たんぱく質	2.5 g	食物繊維	1.9 g
脂質	23.0 g	食塩相当量	0.2 g

松の実（いり） 20g

エネルギー	145 kcal	炭水化物	1.6 g
たんぱく質	2.9 g	食物繊維	1.4 g
脂質	14.5 g	食塩相当量	0 g

ピスタチオ（いり・味つけ） 15g（正味 8g）

エネルギー	49 kcal	炭水化物	1.7 g
たんぱく質	1.4 g	食物繊維	0.7 g
脂質	4.5 g	食塩相当量	0.1 g

柿 1個 200g（正味182g）

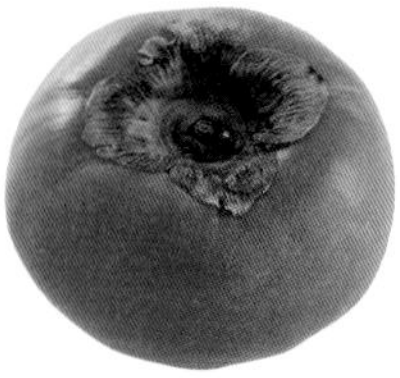

エネルギー	115kcal	炭水化物	28.9g
たんぱく質	0.7g	食物繊維	2.9g
脂質	0.4g	食塩相当量	0g

いちご 中1個 15g

エネルギー	5kcal	炭水化物	1.3g
たんぱく質	0.1g	食物繊維	0.2g
脂質	微	食塩相当量	0g

アボカド 1/2個 125g（正味88g）

エネルギー	157kcal	炭水化物	7.0g
たんぱく質	1.8g	食物繊維	4.9g
脂質	15.4g	食塩相当量	微

さくらんぼ 2個 12g（正味11g）

エネルギー	7kcal	炭水化物	1.7g
たんぱく質	0.1g	食物繊維	0.1g
脂質	微	食塩相当量	0g

グレープフルーツ 1/2個 150g（正味105g）

エネルギー	42kcal	炭水化物	10.1g
たんぱく質	0.9g	食物繊維	0.6g
脂質	0.1g	食塩相当量	0g

キウイフルーツ 1個 100g（正味85g）

エネルギー	43kcal	炭水化物	11.4g
たんぱく質	0.9g	食物繊維	2.2g
脂質	0.2g	食塩相当量	0g

バナナ 1本 150g（正味90g）

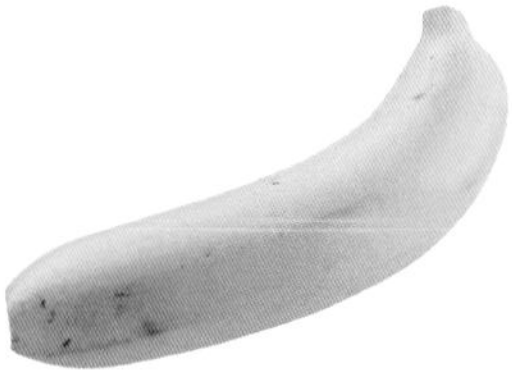

エネルギー	84kcal	炭水化物	20.3g
たんぱく質	1.0g	食物繊維	1.0g
脂質	0.2g	食塩相当量	0g

なし 1個 300g（正味255g）

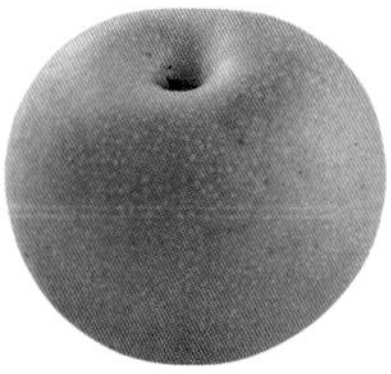

エネルギー	97kcal	炭水化物	28.8g
たんぱく質	0.8g	食物繊維	2.3g
脂質	0.3g	食塩相当量	0g

すいか 1切れ 400g（正味240g）

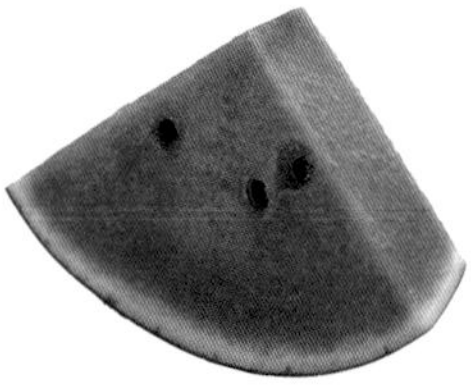

エネルギー	98kcal	炭水化物	22.8g
たんぱく質	1.4g	食物繊維	0.7g
脂質	0.2g	食塩相当量	0g

マンゴー 1/2個 200g（正味130g）

エネルギー	88kcal	炭水化物	22.0g
たんぱく質	0.8g	食物繊維	1.7g
脂質	0.1g	食塩相当量	0g

ぶどう（マスカット） 1/2房 125g（正味106g）

エネルギー	61kcal	炭水化物	16.6g
たんぱく質	0.4g	食物繊維	0.5g
脂質	0.1g	食塩相当量	0g

ぶどう（デラウェア） 1房 150g（正味128g）

エネルギー	74kcal	炭水化物	20.1g
たんぱく質	0.5g	食物繊維	0.6g
脂質	0.1g	食塩相当量	0g

●果物・果物加工品

桃 1個 200g（正味170g）

エネルギー	65 kcal	炭水化物	17.3g
たんぱく質	1.0g	食物繊維	2.2g
脂質	0.2g	食塩相当量	0g

メロン 1/6個 260g（正味130g）

エネルギー	52 kcal	炭水化物	13.4g
たんぱく質	1.4g	食物繊維	0.7g
脂質	0.1g	食塩相当量	0g

みかん 1個 100g（正味80g）

エネルギー	39 kcal	炭水化物	9.6g
たんぱく質	0.6g	食物繊維	0.8g
脂質	0.1g	食塩相当量	0g

レーズン 20粒 10g

エネルギー	32 kcal	炭水化物	8.0g
たんぱく質	0.3g	食物繊維	0.4g
脂質	微	食塩相当量	0g

干し柿 1個 44g（正味40g）

エネルギー	110 kcal	炭水化物	28.5g
たんぱく質	0.6g	食物繊維	5.6g
脂質	0.7g	食塩相当量	0g

りんご 中1個 250g（正味213g）

成分値は
皮をむいたもの

エネルギー	113 kcal	炭水化物	33.0g
たんぱく質	0.2g	食物繊維	3.0g
脂質	0.4g	食塩相当量	0g

桃缶詰め 1切れ（1/2個）60g

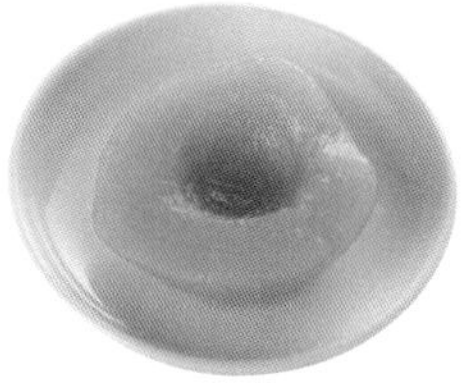

成分値は液汁を含まない

エネルギー	49 kcal	炭水化物	12.4g
たんぱく質	0.3g	食物繊維	0.8g
脂質	0.1g	食塩相当量	0g

パイナップル缶詰め 1切れ 40g

成分値は液汁を含む

エネルギー	30 kcal	炭水化物	8.1g
たんぱく質	0.2g	食物繊維	0.2g
脂質	微	食塩相当量	0g

みかん缶詰め 10房 50g

成分値は液汁を含まない

エネルギー	32 kcal	炭水化物	7.7g
たんぱく質	0.3g	食物繊維	0.3g
脂質	0.1g	食塩相当量	0g

オレンジマーマレード 大さじ1杯 21g

成分値は高糖度のもの

エネルギー	49 kcal	炭水化物	13.3g
たんぱく質	微	食物繊維	0.1g
脂質	微	食塩相当量	0g

いちごジャム 大さじ1杯 21g

成分値は高糖度のもの

エネルギー	53 kcal	炭水化物	13.3g
たんぱく質	0.1g	食物繊維	0.3g
脂質	微	食塩相当量	0g

プルーン（ドライ） 種なし1個 10g

エネルギー	21 kcal	炭水化物	6.2g
たんぱく質	0.2g	食物繊維	0.7g
脂質	微	食塩相当量	0g

純米酒 1合（180mℓ）180g

エネルギー	184 kcal	炭水化物	6.5 g
たんぱく質	0.7 g	食物繊維	0 g
脂質	微	食塩相当量	0 g

発泡酒 コップ1杯（200mℓ）202g

エネルギー	89 kcal	炭水化物	7.3 g
たんぱく質	0.2 g	食物繊維	0 g
脂質	0 g	食塩相当量	0 g

ビール・淡色 コップ1杯（200mℓ）202g

エネルギー	79 kcal	炭水化物	6.3 g
たんぱく質	0.6 g	食物繊維	0 g
脂質	微	食塩相当量	0 g

白ワイン グラス1杯（80mℓ）80g

エネルギー	60 kcal	炭水化物	1.6 g
たんぱく質	0.1 g	食物繊維	—
脂質	微	食塩相当量	0 g

赤ワイン グラス1杯（80mℓ）80g

エネルギー	54 kcal	炭水化物	1.2 g
たんぱく質	0.2 g	食物繊維	—
脂質	微	食塩相当量	0 g

焼酎（25度） 1合（180mℓ）175g

エネルギー	252 kcal	炭水化物	0 g
たんぱく質	0 g	食物繊維	0 g
脂質	0 g	食塩相当量	—

野菜ジュース

コップ1杯（200mℓ） 210g

成分値は
食塩無添加のもの

エネルギー	38 kcal	炭水化物	9.0 g
たんぱく質	1.3 g	食物繊維	1.5 g
脂質	0 g	食塩相当量	微

紹興酒 30mℓ 29g

エネルギー	37 kcal	炭水化物	1.5 g
たんぱく質	0.5 g	食物繊維	微
脂質	微	食塩相当量	0 g

ウイスキー

シングル1杯（30mℓ） 29g

エネルギー	68 kcal	炭水化物	0 g
たんぱく質	0 g	食物繊維	〔0〕
脂質	0 g	食塩相当量	0 g

りんごジュース（果汁100％）

コップ1杯（200mℓ）210g

エネルギー	90 kcal	炭水化物	23.9 g
たんぱく質	0.4 g	食物繊維	微
脂質	0.2 g	食塩相当量	0 g

オレンジジュース（果汁100％）

コップ1杯（200mℓ）210g

エネルギー	95 kcal	炭水化物	23.1 g
たんぱく質	1.7 g	食物繊維	0.6 g
脂質	微	食塩相当量	0 g

にんじんジュース

コップ1杯（200mℓ）210g

エネルギー	61 kcal	炭水化物	14.1 g
たんぱく質	1.3 g	食物繊維	0.4 g
脂質	0.2 g	食塩相当量	0 g

●ソフトドリンク、お茶など

ミルクココア
粉末大さじ1杯9g分

成分値はお湯150mℓで溶いたもの

エネルギー	36kcal	炭水化物	7.2g
たんぱく質	0.7g	食物繊維	0.5g
脂質	0.6g	食塩相当量	0.1g

サイダー
コップ1杯(200mℓ) 210g

エネルギー	86kcal	炭水化物	21.4g
たんぱく質	微	食物繊維	—
脂質	微	食塩相当量	0g

コーラ
コップ1杯(200mℓ) 210g

エネルギー	97kcal	炭水化物	23.9g
たんぱく質	0.2g	食物繊維	—
脂質	微	食塩相当量	0g

スポーツドリンク 200mℓ 200g

清涼飲料水

エネルギー	42kcal	炭水化物	10.2g
たんぱく質	0g	食物繊維	微
脂質	0g	食塩相当量	0.2g

乳酸菌飲料 1本分 65g

エネルギー	42kcal	炭水化物	10.7g
たんぱく質	0.7g	食物繊維	〔0〕
脂質	0.1g	食塩相当量	0g

コーヒー牛乳
コップ1杯(200mℓ) 200g

成分値は乳飲料(コーヒー)、加糖。缶コーヒー

エネルギー	76kcal	炭水化物	16.4g
たんぱく質	1.4g	食物繊維	—
脂質	0.6g	食塩相当量	0.2g

コーヒー(液・砂糖入り)
カップ1杯(102mℓ) 102g

角砂糖2gを入れたもの

エネルギー	12kcal	炭水化物	2.7g
たんぱく質	0.2g	食物繊維	0g
脂質	微	食塩相当量	0g

ほうじ茶(液) 100mℓ 100g

エネルギー	0kcal	炭水化物	0.1g
たんぱく質	微	食物繊維	—
脂質	〔0〕	食塩相当量	0g

せん茶(液) 100mℓ 100g

エネルギー	2kcal	炭水化物	0.2g
たんぱく質	0.2g	食物繊維	—
脂質	〔0〕	食塩相当量	0g

紅茶(液・レモン、砂糖入り)
カップ1杯(116mℓ) 116g

角砂糖2g、レモンスライス1枚を入れたもの

エネルギー	15kcal	炭水化物	3.9g
たんぱく質	0.2g	食物繊維	0.7g
脂質	0.1g	食塩相当量	0g

紅茶(液・ミルク、砂糖入り)
カップ1杯(107mℓ) 107g

角砂糖2g、コーヒーホワイトナー5gを入れたもの

エネルギー	21kcal	炭水化物	2.2g
たんぱく質	0.3g	食物繊維	0g
脂質	1.2g	食塩相当量	0g

コーヒー(液・砂糖、ミルク入り)
カップ1杯(107mℓ) 107g

角砂糖2g、コーヒーホワイトナー5gを入れたもの

エネルギー	24kcal	炭水化物	2.8g
たんぱく質	0.4g	食物繊維	0g
脂質	0.9g	食塩相当量	0g

ベイクドチーズケーキ 1切れ 110g

エネルギー	329kcal	炭水化物	25.6g
たんぱく質	9.4g	食物繊維	0.2g
脂質	23.3g	食塩相当量	0.6g

シュークリーム 1個 70g

エネルギー	156kcal	炭水化物	17.9g
たんぱく質	4.2g	食物繊維	0.2g
脂質	8.0g	食塩相当量	0.1g

ショートケーキ 1切れ 110g

成分値は
果物分も含む

エネルギー	345kcal	炭水化物	47.0g
たんぱく質	7.6g	食物繊維	1.0g
脂質	16.2g	食塩相当量	0.2g

パウンドケーキ 1切れ 40g

成分値は
バターケーキのもの。
マドレーヌ含む

エネルギー	169kcal	炭水化物	19.2g
たんぱく質	2.3g	食物繊維	0.3g
脂質	10.1g	食塩相当量	0.2g

ケーキドーナツ 小1個 20g

エネルギー	74kcal	炭水化物	12.0g
たんぱく質	1.4g	食物繊維	0.2g
脂質	2.3g	食塩相当量	0.1g

イーストドーナツ 1個 45g

エネルギー	171kcal	炭水化物	19.8g
たんぱく質	3.2g	食物繊維	0.7g
脂質	9.1g	食塩相当量	0.4g

ババロア 1個 85g

エネルギー	173kcal	炭水化物	16.9g
たんぱく質	4.8g	食物繊維	0g
脂質	11.0g	食塩相当量	0.1g

コーヒーゼリー 1個 80g

成分値は
生クリームなしのもの

エネルギー	35kcal	炭水化物	8.2g
たんぱく質	1.3g	食物繊維	0g
脂質	0g	食塩相当量	微

プリン 小1個 80g

成分値は
キャラメルソース
なしのもの

エネルギー	93kcal	炭水化物	11.2g
たんぱく質	4.6g	食物繊維	0g
脂質	4.4g	食塩相当量	0.2g

ミルクチョコレート 3かけ 15g

エネルギー	83kcal	炭水化物	8.4g
たんぱく質	1.0g	食物繊維	0.6g
脂質	5.1g	食塩相当量	微

クッキー 3枚 24g

成分値は
ソフトビスケットのもの

エネルギー	123kcal	炭水化物	15.0g
たんぱく質	1.4g	食物繊維	0.3g
脂質	6.6g	食塩相当量	0.1g

アイスクリーム（高脂肪） 1食分 95g

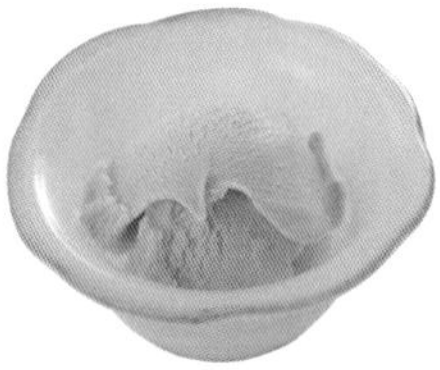

エネルギー	195kcal	炭水化物	21.3g
たんぱく質	3.3g	食物繊維	0.1g
脂質	11.4g	食塩相当量	0.2g

●和菓子

桜もち(関東風) 1個 60g

小豆こしあん入り

エネルギー	141kcal	炭水化物	32.5g
たんぱく質	2.7g	食物繊維	1.6g
脂質	0.2g	食塩相当量	0.1g

きんつば 1個 55g

エネルギー	143kcal	炭水化物	32.2g
たんぱく質	3.3g	食物繊維	3.0g
脂質	0.4g	食塩相当量	0.2g

大福もち 1個 60g

小豆こしあん。
赤えんどう豆は含まれない

エネルギー	134kcal	炭水化物	31.9g
たんぱく質	2.8g	食物繊維	1.1g
脂質	0.3g	食塩相当量	0.1g

げっぺい 1個 80g

エネルギー	278kcal	炭水化物	52.5g
たんぱく質	3.8g	食物繊維	1.7g
脂質	6.8g	食塩相当量	0g

カステラ 1切れ 50g

エネルギー	157kcal	炭水化物	30.9g
たんぱく質	3.6g	食物繊維	0.3g
脂質	2.5g	食塩相当量	0.1g

どら焼き 1個 80g

エネルギー	234kcal	炭水化物	46.3g
たんぱく質	5.3g	食物繊維	1.5g
脂質	2.6g	食塩相当量	0.3g

みつ豆 1缶 155g

市販品で計測。
シロップを除く

エネルギー	150kcal	炭水化物	37.5g
たんぱく質	0.8g	食物繊維	ー
脂質	0.1g	食塩相当量	微

みたらしだんご 1本 60g

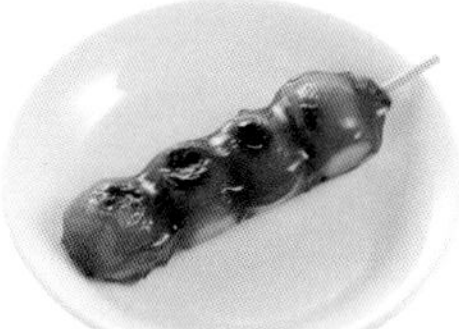

エネルギー	116kcal	炭水化物	27.1g
たんぱく質	1.9g	食物繊維	0.2g
脂質	0.2g	食塩相当量	0.4g

草もち 1個 50g

小豆つぶしあん入り

エネルギー	114kcal	炭水化物	25.6g
たんぱく質	2.4g	食物繊維	1.4g
脂質	0.4g	食塩相当量	0.1g

せんべい(しょうゆ) 1枚 20g

エネルギー	74kcal	炭水化物	16.8g
たんぱく質	1.5g	食物繊維	0.1g
脂質	0.2g	食塩相当量	0.3g

かりんとう(黒) 3個 12g

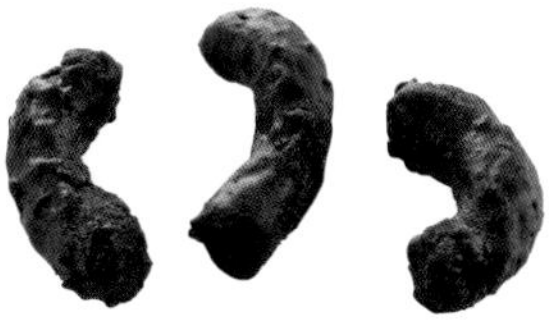

エネルギー	50kcal	炭水化物	9.2g
たんぱく質	0.9g	食物繊維	0.1g
脂質	1.4g	食塩相当量	0g

水ようかん 1缶 80g

エネルギー	134kcal	炭水化物	31.9g
たんぱく質	2.1g	食物繊維	1.8g
脂質	0.2g	食塩相当量	0.1g

小麦粉あられ 50g

エネルギー	236 kcal	炭水化物	34.4 g
たんぱく質	3.8 g	食物繊維	1.2 g
脂質	9.8 g	食塩相当量	0.9 g

クラッカー 3枚 21g

オイルスプレー
クラッカー

エネルギー	101 kcal	炭水化物	13.4 g
たんぱく質	1.8 g	食物繊維	0.4 g
脂質	4.7 g	食塩相当量	0.3 g

ビスケット 1枚 7g

成分値は
ハードビスケットのもの

エネルギー	30 kcal	炭水化物	5.4 g
たんぱく質	0.5 g	食物繊維	0.2 g
脂質	0.7 g	食塩相当量	0.1 g

コーンスナック 20個 20g

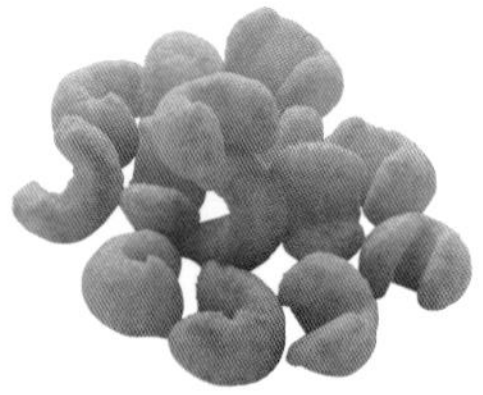

エネルギー	103 kcal	炭水化物	13.1 g
たんぱく質	1.0 g	食物繊維	0.2 g
脂質	5.4 g	食塩相当量	0.2 g

ポテトチップス 10枚 15g

エネルギー	81 kcal	炭水化物	8.2 g
たんぱく質	0.7 g	食物繊維	0.6 g
脂質	5.3 g	食塩相当量	0.2 g

キャラメル 1個 5g

エネルギー	21 kcal	炭水化物	3.9 g
たんぱく質	0.2 g	食物繊維	0 g
脂質	0.6 g	食塩相当量	微

揚げえんどう豆 20g

エネルギー	75 kcal	炭水化物	11.8 g
たんぱく質	4.2 g	食物繊維	3.9 g
脂質	2.3 g	食塩相当量	0.2 g

干しいも 1枚 20g

エネルギー	55 kcal	炭水化物	14.4 g
たんぱく質	0.6 g	食物繊維	1.2 g
脂質	0.1 g	食塩相当量	0 g

ボーロ 50粒 40g

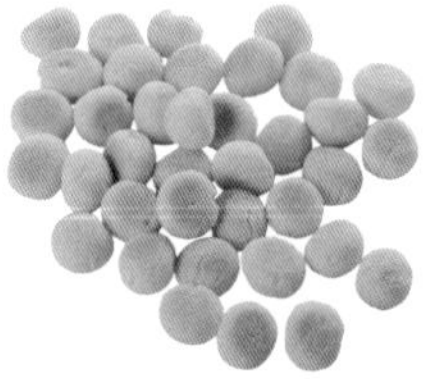

エネルギー	156 kcal	炭水化物	36.2 g
たんぱく質	1.0 g	食物繊維	0 g
脂質	0.8 g	食塩相当量	微

ビーフジャーキー 6cm長さ5枚 30g

エネルギー	91 kcal	炭水化物	1.9 g
たんぱく質	16.4 g	食物繊維	〔0〕
脂質	2.3 g	食塩相当量	1.4 g

さきいか ひとつかみ 20g

エネルギー	54 kcal	炭水化物	3.5 g
たんぱく質	9.1 g	食物繊維	〔0〕
脂質	0.6 g	食塩相当量	1.4 g

あたりめ ひとつかみ 20g

エネルギー	61 kcal	炭水化物	0.1 g
たんぱく質	13.8 g	食物繊維	〔0〕
脂質	0.9 g	食塩相当量	0.5 g

●塩、しょうゆ、みそ

塩(並塩) 小さじ1杯 5g

エネルギー	0kcal	炭水化物	0g
たんぱく質	0g	食物繊維	〔0〕
脂質	0g	食塩相当量	4.9g

塩(精製塩) 小さじ1杯 6g

エネルギー	0kcal	炭水化物	0g
たんぱく質	0g	食物繊維	〔0〕
脂質	0g	食塩相当量	6.0g

塩(食塩) 小さじ1杯 6g

エネルギー	0kcal	炭水化物	0g
たんぱく質	0g	食物繊維	〔0〕
脂質	0g	食塩相当量	6.0g

減塩しょうゆ(こいくち) 小さじ1杯 6g

エネルギー	4kcal	炭水化物	0.5g
たんぱく質	0.5g	食物繊維	〔0〕
脂質	微	食塩相当量	0.5g

しょうゆ(うすくち) 小さじ1杯 6g

エネルギー	4kcal	炭水化物	0.3g
たんぱく質	0.3g	食物繊維	〔微〕
脂質	0g	食塩相当量	1.0g

しょうゆ(こいくち) 小さじ1杯 6g

エネルギー	5kcal	炭水化物	0.5g
たんぱく質	0.5g	食物繊維	〔微〕
脂質	0g	食塩相当量	0.9g

みそ(甘みそ) 小さじ1杯 6g

別名西京みそ、白みそ

エネルギー	12kcal	炭水化物	2.3g
たんぱく質	0.6g	食物繊維	0.3g
脂質	0.2g	食塩相当量	0.4g

みそ(辛みそ・淡色) 小さじ1杯 6g

別名信州みそ

エネルギー	11kcal	炭水化物	1.3g
たんぱく質	0.8g	食物繊維	0.3g
脂質	0.4g	食塩相当量	0.7g

白しょうゆ 小さじ1杯 6g

エネルギー	5kcal	炭水化物	1.2g
たんぱく質	0.2g	食物繊維	〔0〕
脂質	0g	食塩相当量	0.9g

減塩みそ 小さじ1杯 6g

エネルギー	11kcal	炭水化物	1.5g
たんぱく質	0.7g	食物繊維	0.3g
脂質	0.4g	食塩相当量	0.6g

みそ(豆みそ) 小さじ1杯 6g

別名八丁みそ、たまりみそ

エネルギー	12kcal	炭水化物	0.9g
たんぱく質	1.0g	食物繊維	0.4g
脂質	0.6g	食塩相当量	0.7g

みそ(麦みそ) 小さじ1杯 6g

エネルギー	11kcal	炭水化物	1.8g
たんぱく質	0.6g	食物繊維	0.4g
脂質	0.3g	食塩相当量	0.6g

●酢、ソース、ケチャップなど

バルサミコ酢 小さじ1杯 5g

エネルギー	6kcal	炭水化物	1.0g
たんぱく質	微	食物繊維	〔0〕
脂質	0g	食塩相当量	微

穀物酢 小さじ1杯 5g

エネルギー	2kcal	炭水化物	0.1g
たんぱく質	微	食物繊維	〔0〕
脂質	0g	食塩相当量	0g

米酢 小さじ1杯 5g

エネルギー	3kcal	炭水化物	0.4g
たんぱく質	微	食物繊維	〔0〕
脂質	0g	食塩相当量	0g

ウスターソース 小さじ1杯 6g

エネルギー	7kcal	炭水化物	1.6g
たんぱく質	0.1g	食物繊維	微
脂質	微	食塩相当量	0.5g

濃厚ソース 小さじ1杯 6g

エネルギー	8kcal	炭水化物	1.9g
たんぱく質	0.1g	食物繊維	0.1g
脂質	微	食塩相当量	0.3g

ポン酢しょうゆ 小さじ1杯 6g

エネルギー	3kcal	炭水化物	0.4g
たんぱく質	0.2g	食物繊維	微
脂質	微	食塩相当量	0.3g

トマトピューレー 小さじ1杯 5g

エネルギー	2kcal	炭水化物	0.5g
たんぱく質	0.1g	食物繊維	0.1g
脂質	微	食塩相当量	0g

トマトケチャップ 小さじ1杯 5g

エネルギー	5kcal	炭水化物	1.4g
たんぱく質	0.1g	食物繊維	0.1g
脂質	微	食塩相当量	0.2g

オイスターソース 小さじ1杯 6g

エネルギー	6kcal	炭水化物	1.1g
たんぱく質	0.5g	食物繊維	微
脂質	微	食塩相当量	0.7g

チリソース 小さじ1杯 5g

エネルギー	6kcal	炭水化物	1.3g
たんぱく質	0.1g	食物繊維	0.1g
脂質	微	食塩相当量	0.2g

豆板醤(トウバンジャン) 小さじ1杯 6g

エネルギー	3kcal	炭水化物	0.5g
たんぱく質	0.1g	食物繊維	0.3g
脂質	0.1g	食塩相当量	1.1g

甜麺醤(テンメンジャン) 小さじ1杯 6g

エネルギー	15kcal	炭水化物	2.3g
たんぱく質	0.5g	食物繊維	0.2g
脂質	0.5g	食塩相当量	0.4g

調味料・油脂

●みりん、めんつゆ、だしなど

料理酒 大さじ1杯 15g

エネルギー	13kcal	炭水化物	0.7g
たんぱく質	微	食物繊維	0g
脂質	微	食塩相当量	0.3g

みりん風調味料 大さじ1杯 18g

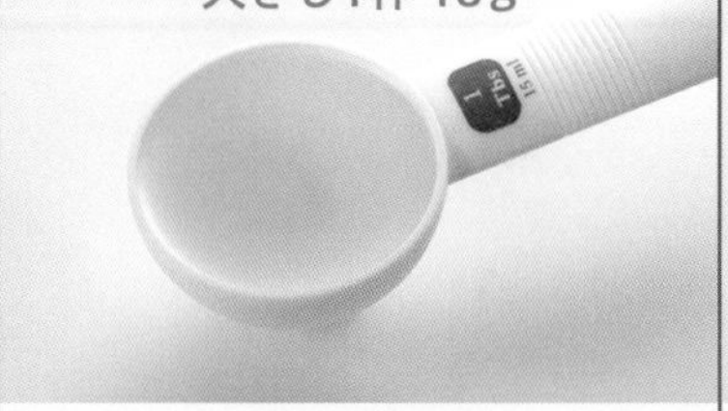

エネルギー	41kcal	炭水化物	10.0g
たんぱく質	微	食物繊維	〔0〕
脂質	0g	食塩相当量	微

本みりん 大さじ1杯 18g

エネルギー	43kcal	炭水化物	7.8g
たんぱく質	0.1g	食物繊維	—
脂質	微	食塩相当量	0g

めんつゆ(3倍濃縮タイプ) 大さじ1杯 15g

エネルギー	15kcal	炭水化物	3.0g
たんぱく質	0.7g	食物繊維	—
脂質	0g	食塩相当量	1.5g

めんつゆ(ストレートタイプ) 大さじ1杯 15g

エネルギー	7kcal	炭水化物	1.3g
たんぱく質	0.3g	食物繊維	—
脂質	0g	食塩相当量	0.5g

清酒(普通酒) 大さじ1杯 15g

エネルギー	16kcal	炭水化物	0.7g
たんぱく質	0.1g	食物繊維	0g
脂質	微	食塩相当量	0g

コンソメ(固形) 1個 5g

顆粒状の製品も含む

エネルギー	12kcal	炭水化物	2.1g
たんぱく質	0.4g	食物繊維	微
脂質	0.2g	食塩相当量	2.2g

顆粒中華だし 小さじ1杯 3g

エネルギー	6kcal	炭水化物	1.1g
たんぱく質	0.4g	食物繊維	〔0〕
脂質	微	食塩相当量	1.4g

顆粒和風だし 小さじ1杯 3g

エネルギー	7kcal	炭水化物	0.9g
たんぱく質	0.7g	食物繊維	0g
脂質	微	食塩相当量	1.2g

洋風だし(液状) 200mℓ

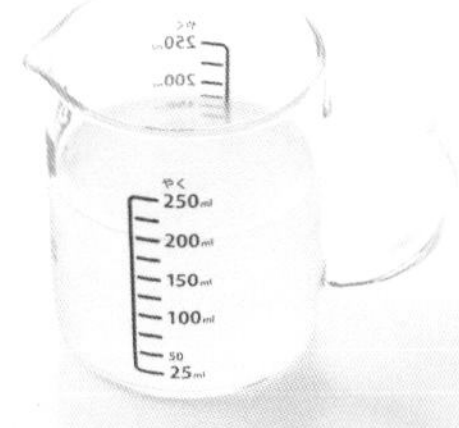

エネルギー	12kcal	炭水化物	0.6g
たんぱく質	2.6g	食物繊維	—
脂質	0g	食塩相当量	1.0g

かつお・こんぶだし(液状) 200mℓ

エネルギー	4kcal	炭水化物	0.6g
たんぱく質	0.6g	食物繊維	—
脂質	微	食塩相当量	0.2g

おでん用顆粒だし 小さじ1杯 3g

エネルギー	5kcal	炭水化物	1.0g
たんぱく質	0.3g	食物繊維	〔微〕
脂質	微	食塩相当量	1.7g

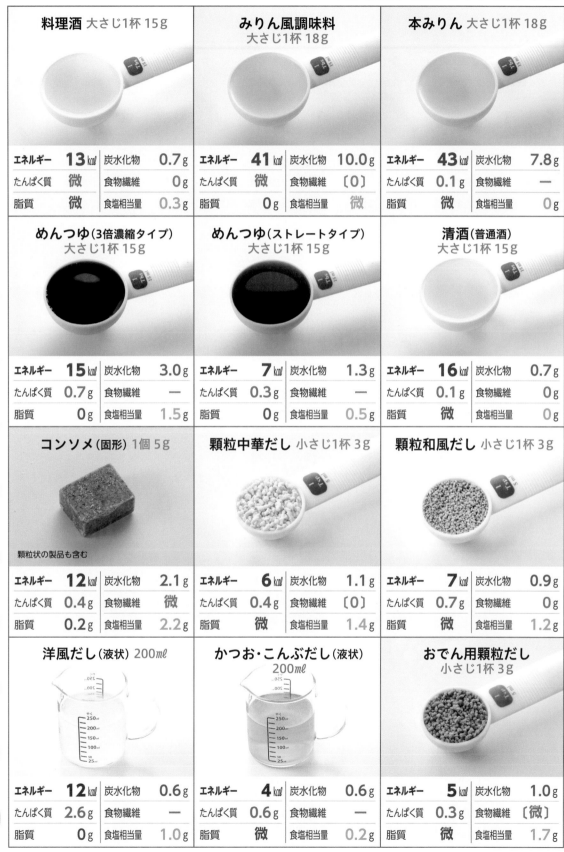

●マヨネーズ、ドレッシング、粉類など

和風ドレッシング
大さじ1杯 15g

成分値はオイル入りのもの

エネルギー	27kcal	炭水化物	1.4g
たんぱく質	0.3g	食物繊維	微
脂質	2.2g	食塩相当量	0.5g

フレンチドレッシング
大さじ1杯 15g

エネルギー	50kcal	炭水化物	1.9g
たんぱく質	微	食物繊維	0g
脂質	4.7g	食塩相当量	0.9g

マヨネーズ
大さじ1杯 12g

エネルギー	80kcal	炭水化物	0.4g
たんぱく質	0.2g	食物繊維	〔0〕
脂質	9.1g	食塩相当量	0.2g

ホワイトシチュールウ
1かけ 18g

成分値は市販品

エネルギー	93kcal	炭水化物	7.9g
たんぱく質	1.3g	食物繊維	—
脂質	—	食塩相当量	1.7g

カレールウ
1かけ 20g

エネルギー	95kcal	炭水化物	8.9g
たんぱく質	1.3g	食物繊維	1.3g
脂質	6.8g	食塩相当量	2.1g

サウザンアイランドドレッシング
大さじ1杯 15g

エネルギー	59kcal	炭水化物	1.9g
たんぱく質	微	食物繊維	0.1g
脂質	5.9g	食塩相当量	0.5g

天ぷら粉
大さじ1杯 9g

エネルギー	30kcal	炭水化物	6.8g
たんぱく質	0.8g	食物繊維	0.2g
脂質	0.1g	食塩相当量	微

小麦粉(強力粉)
大さじ1杯 9g

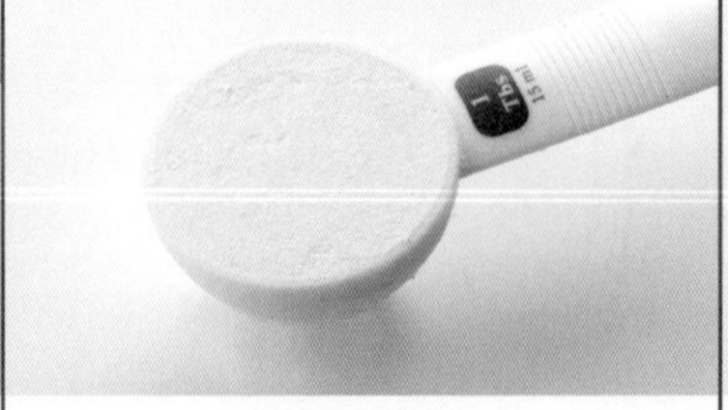

エネルギー	30kcal	炭水化物	6.5g
たんぱく質	1.1g	食物繊維	0.2g
脂質	0.1g	食塩相当量	0g

小麦粉(薄力粉)
大さじ1杯 9g

エネルギー	31kcal	炭水化物	6.8g
たんぱく質	0.7g	食物繊維	0.2g
脂質	0.1g	食塩相当量	0g

コーンスターチ
大さじ1杯 6g

エネルギー	22kcal	炭水化物	5.2g
たんぱく質	微	食物繊維	〔0〕
脂質	微	食塩相当量	0g

かたくり粉
大さじ1杯 9g

エネルギー	30kcal	炭水化物	7.3g
たんぱく質	微	食物繊維	〔0〕
脂質	微	食塩相当量	0g

パン粉(乾燥)
大さじ1杯 3g

エネルギー	11kcal	炭水化物	1.9g
たんぱく質	0.4g	食物繊維	0.1g
脂質	0.2g	食塩相当量	微

調味料・油脂

●甘味料、油脂

黒砂糖
2cm角 20g

エネルギー	70kcal	炭水化物	18.1g
たんぱく質	0.3g	食物繊維	〔0〕
脂質	微	食塩相当量	微

角砂糖
1cm角 2g

エネルギー	8kcal	炭水化物	2.0g
たんぱく質	〔0〕	食物繊維	〔0〕
脂質	〔0〕	食塩相当量	0g

上白糖
大さじ1杯 9g

エネルギー	35kcal	炭水化物	8.9g
たんぱく質	〔0〕	食物繊維	〔0〕
脂質	〔0〕	食塩相当量	0g

メープルシロップ
大さじ1杯 21g

エネルギー	56kcal	炭水化物	13.9g
たんぱく質	微	食物繊維	〔0〕
脂質	0g	食塩相当量	0g

はちみつ
大さじ1杯 21g

エネルギー	69kcal	炭水化物	17.2g
たんぱく質	0.1g	食物繊維	〔0〕
脂質	微	食塩相当量	0g

グラニュー糖
大さじ1杯 12g

エネルギー	47kcal	炭水化物	12.0g
たんぱく質	〔0〕	食物繊維	〔0〕
脂質	〔0〕	食塩相当量	0g

ごま油
大さじ1杯 12g

エネルギー	107kcal	炭水化物	0g
たんぱく質	0g	食物繊維	0g
脂質	12.0g	食塩相当量	0g

サラダ油(調合油)
大さじ1杯 12g

エネルギー	106kcal	炭水化物	0g
たんぱく質	0g	食物繊維	0g
脂質	12.0g	食塩相当量	0g

オリーブ油
大さじ1杯 12g

エネルギー	107kcal	炭水化物	0g
たんぱく質	0g	食物繊維	0g
脂質	12.0g	食塩相当量	0g

マーガリン(ソフトタイプ)
大さじ1杯 12g

エネルギー	86kcal	炭水化物	0.1g
たんぱく質	微	食物繊維	〔0〕
脂質	10.0g	食塩相当量	0.2g

食塩不使用バター
大さじ1杯 12g

エネルギー	86kcal	炭水化物	微
たんぱく質	0.1g	食物繊維	〔0〕
脂質	10.0g	食塩相当量	0g

有塩バター
大さじ1杯 12g

エネルギー	84kcal	炭水化物	微
たんぱく質	0.1g	食物繊維	〔0〕
脂質	9.7g	食塩相当量	0.2g

油脂の賢いとり方

重要なエネルギー源である油脂ですが、とりすぎると適正なエネルギー量をオーバーします。そして、肥満や脂質異常症、動脈硬化などの要因になります。「量」を控え、「質」のよい脂質（不飽和脂肪酸）の摂取を心がけましょう。

どれくらいとってよいの？

糖尿病の人は、1日20gがめやすです。1日20gは、植物油だと大さじ1と2/3です。

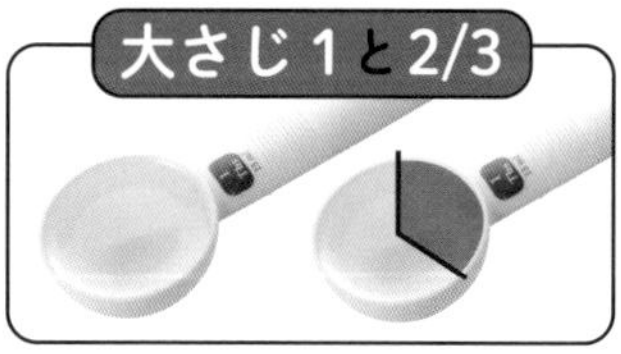

脂質の種類は？

油脂は、その主成分である脂肪酸の種類により、「飽和脂肪酸」と「不飽和脂肪酸」の2種類に分けられます。

脂質

飽和脂肪酸

常温で固まる「脂」

- おもに肉の脂身やバター、鶏の皮、生クリームなど、動物性油脂に含まれている。
- とりすぎると、体内で固まり、LDL（悪玉）コレステロールや中性脂肪を増やす。

不飽和脂肪酸

常温で固まらない「油」

- おもに魚介類や植物由来の油に含まれる。
- 体内でも固まらないので、体によいと思われがちだが、種類に要注意！

○ 一価不飽和脂肪酸

おもにn-9系列に分類される。

＼＼オススメ／／

n-9系列（オメガ9）

オレイン酸

オリーブ油に多く含まれる。オレイン酸は、血中のLDL（悪玉）コレステロールを減らす作用がある。動脈硬化の予防につながる。料理にはオリーブ油を活用するのがよい。

× トランス脂肪酸

- 加工された油脂に多く含まれる。
- 代表的なのがマーガリン、ショートニング。ほかに市販のパンや菓子にも使われている。
- 血中のLDL（悪玉）コレステロールを増やし、HDL（善玉）コレステロールを減らす作用がある。
- とりすぎると、糖尿病や動脈硬化、心臓疾患などのリスクを増加させる。

○ 多価不飽和脂肪酸

おもにn-6系列、n-3系列の脂肪酸に分類される。

n-6系列（オメガ6）

リノール酸

ごま油、大豆油などに含まれる。

アラキドン酸

卵黄、レバーに含まれる。

＼＼オススメ／／

n-3系列（オメガ3）

α－リノレン酸

えごま油、しそ油、アマニ油などに含まれる。

DHA、EPA

さばなどの青背魚に含まれる。

7章

栄養データ 料理編

日常でよく食べる料理 120品を選び、栄養データを掲載。塩分やたんぱく質のほか、糖質量も示していますので、家庭での食事作りはもちろん、外食のメニューを選ぶ際にも参考になります。

栄養価
エネルギー、たんぱく質、糖質、食塩相当量を表示。いずれも成分値は１人分（１食分）のめやすです。また、それぞれの料理は材料や調理法などによって栄養価のデータに違いが生じます。あくまでもめやすとしてご利用ください。

いり鶏

鶏もも肉 60 g

345 kcal

たんぱく質	糖質	食塩相当量
15.2 g	28.6 g	2.1 g

料理名
料理は日常的によく食べるメニューを、「主菜」「副菜」「主食・軽食」に分類。使いやすいよう食材順に並べています。

主材料の重量
料理の主材料となる食材の重量を表示。廃棄分を除いた正味量です。

＊栄養成分値は「日本食品標準成分表2020 年版（八訂）」をもとに算出。一部、調理済食品として栄養成分値が掲載されているものは、「ギョーザ１個 30g のもの」など完成品の重量で掲載しています。

＊栄養成分値は、食材の「生」の状態で算出しますが、一部焼き魚や焼き肉などは、調理後の「焼き」の成分値で算出しています。

いり鶏

鶏もも肉 60g　**345**kcal

たんぱく質	糖質	食塩相当量
15.2g	28.6g	2.1g

鶏の照り焼き

鶏もも肉 80g　**232**kcal

たんぱく質	糖質	食塩相当量
14.2g	5.6g	1.2g

鶏肉のから揚げ

鶏もも肉 100g　**318**kcal

たんぱく質	糖質	食塩相当量
24.6g	14.4g	1.5g

鶏手羽と卵の煮物

鶏手羽元 100g　**298**kcal

たんぱく質	糖質	食塩相当量
25.9g	9.7g	1.6g

蒸し鶏のごまだれ

鶏胸肉 80g　**187**kcal

たんぱく質	糖質	食塩相当量
19.4g	9.7g	1.5g

鶏つくね

鶏ひき肉 80g　**261**kcal

たんぱく質	糖質	食塩相当量
17.5g	8.0g	1.6g

ハンバーグ

合いびき肉 70g　**311**kcal

たんぱく質	糖質	食塩相当量
17.7g	9.2g	1.8g

ビーフステーキ

牛ヒレ肉 100g　**267**kcal

たんぱく質	糖質	食塩相当量
22.0g	4.3g	1.5g

鶏肉のクリームシチュー

鶏もも肉 45g　**321**kcal

たんぱく質	糖質	食塩相当量
15.3g	24.0g	1.3g

焼き肉(牛ロース・塩)

牛ロース肉 120g　**300**kcal

たんぱく質	糖質	食塩相当量
16.9g	0.7g	2.0g

ビーフシチュー

牛バラ肉 80g　**433**kcal

たんぱく質	糖質	食塩相当量
13.4g	12.3g	2.3g

肉じゃが

牛肩ロース肉 40g　**324**kcal

たんぱく質	糖質	食塩相当量
11.0g	27.5g	1.3g

●肉

豚肉のしょうが焼き

豚肩ロース肉 100g　**401** kcal

たんぱく質	糖質	食塩相当量
20.9 g	8.9 g	1.7 g

ローストビーフ

牛もも肉 120g　**231** kcal

たんぱく質	糖質	食塩相当量
26.5 g	1.1 g	1.0 g

チンジャオロースー

牛肩ロース肉 80g　**351** kcal

たんぱく質	糖質	食塩相当量
14.9 g	10.2 g	1.7 g

豚ヒレ肉のソテー

豚ヒレ肉 100g　**212** kcal

たんぱく質	糖質	食塩相当量
23.5 g	4.7 g	1.1 g

とんカツ

豚ロース肉 100g　**442** kcal

たんぱく質	糖質	食塩相当量
22.7 g	11.1 g	0.3 g

ホイコーロー

豚肩ロース肉 80g　**343** kcal

たんぱく質	糖質	食塩相当量
19.2 g	9.5 g	1.5 g

肉野菜いため

豚もも肉 60g　**266** kcal

たんぱく質	糖質	食塩相当量
16.2 g	8.1 g	1.4 g

麻婆なす

豚ひき肉 50g　**245** kcal

たんぱく質	糖質	食塩相当量
11.7 g	10.6 g	2.3 g

酢豚

豚ロース肉 90g　**490** kcal

たんぱく質	糖質	食塩相当量
20.5 g	16.6 g	1.6 g

春巻き

豚もも肉 20g　**296** kcal

たんぱく質	糖質	食塩相当量
7.7 g	17.6 g	1.6 g

シューマイ

1個 35gのもの　**408** kcal

たんぱく質	糖質	食塩相当量
20.2 g	38.3 g	2.8 g

ギョーザ

1個 30gのもの。
たれは含まない　**371** kcal

たんぱく質	糖質	食塩相当量
11.5 g	13.7 g	1.5 g

ぶりの照り焼き

ぶり 100g　**262** kcal

たんぱく質	糖質	食塩相当量
21.9g	3.2g	1.0g

さんまの塩焼き

さんま(焼き)70g　**221** kcal

たんぱく質	糖質	食塩相当量
18.0g	1.4g	1.3g

あじの塩焼き

あじ 68g　**112** kcal

たんぱく質	糖質	食塩相当量
17.8g	1.0g	1.1g

いわしのしょうが煮

いわし 100g　**252** kcal

たんぱく質	糖質	食塩相当量
27.4g	6.8g	1.1g

ぶり大根

ぶり 100g　**341** kcal

たんぱく質	糖質	食塩相当量
24.0g	20.9g	2.7g

さばのみそ煮

さば 80g　**226** kcal

たんぱく質	糖質	食塩相当量
18.1g	10.2g	2.0g

かれいの煮物

子持ちがれい 128g　**194** kcal

たんぱく質	糖質	食塩相当量
26.2g	6.7g	1.5g

鮭の竜田揚げ

生鮭 80g　**205** kcal

たんぱく質	糖質	食塩相当量
18.9g	4.8g	1.5g

ミックスフライ

あじフライ100g
ポテトコロッケ、
クリームコロッケ各 60g　**576** kcal

たんぱく質	糖質	食塩相当量
27.2g	36.5g	2.6g

たらのちり鍋

たら(まだら)70g　**130** kcal

たんぱく質	糖質	食塩相当量
18.2g	6.0g	1.5g

アクアパッツァ

たい 80g、あさり 20g　**208** kcal

たんぱく質	糖質	食塩相当量
20.6g	6.4g	1.5g

さわらのムニエル

さわら 80g　**232** kcal

たんぱく質	糖質	食塩相当量
17.5g	7.5g	1.7g

●魚介

えびのチリソースいため

えび 108g　**253** kcal

たんぱく質	糖質	食塩相当量
24.6g	14.7g	2.3g

まぐろの山かけ

まぐろ赤身 50g　**106** kcal

たんぱく質	糖質	食塩相当量
13.0g	11.2g	0.8g

刺し身盛り合わせ

まぐろ赤身 50g、
いか 40g、甘えび 30g。
づけじょうゆを含む　**128** kcal

たんぱく質	糖質	食塩相当量
27.0g	2.0g	1.5g

いかのわたいため

いか 120g　**276** kcal

たんぱく質	糖質	食塩相当量
23.6g	12.0g	1.5g

いかのげそ揚げ

いか 90g　**246** kcal

たんぱく質	糖質	食塩相当量
17.6g	15.2g	1.2g

天ぷら

えび 36g、いか 50g
ほか野菜　**524** kcal

たんぱく質	糖質	食塩相当量
21.1g	25.6g	0.5g

カキの オイスターソースいため

カキ 120g　**197** kcal

たんぱく質	糖質	食塩相当量
10.3g	14.4g	2.1g

カキフライ

カキ 65g　**377** kcal

たんぱく質	糖質	食塩相当量
8.1g	12.6g	0.9g

たことさゅうりの酢の物

たこ(ゆで) 100g　**126** kcal

たんぱく質	糖質	食塩相当量
22.3g	3.7g	1.9g

あじの干物焼き

あじ開き干し 70g　**146** kcal

たんぱく質	糖質	食塩相当量
17.6g	2.0g	1.7g

あさりの酒蒸し

あさり 120g　**101** kcal

たんぱく質	糖質	食塩相当量
7.3g	2.1g	2.6g

ほたてとチンゲンサイの クリーム煮

ほたて貝柱 120g　**191** kcal

たんぱく質	糖質	食塩相当量
22.6g	10.6g	2.3g

豆腐とにらのいため物

豆腐100g　**196kcal**

たんぱく質	糖質	食塩相当量
12.6g	6.8g	2.0g

麻婆豆腐

豆腐100g　**308kcal**

たんぱく質	糖質	食塩相当量
20.3g	11.1g	2.5g

肉豆腐

豆腐100g、牛もも肉70g　**292kcal**

たんぱく質	糖質	食塩相当量
23.8g	11.6g	2.3g

高野豆腐と野菜の炊き合わせ

高野豆腐20g　**180kcal**

たんぱく質	糖質	食塩相当量
15.1g	10.2g	2.0g

厚揚げと白菜の中華いため

厚揚げ80g　**193kcal**

たんぱく質	糖質	食塩相当量
10.8g	6.4g	1.4g

揚げだし豆腐

豆腐140g　**196kcal**

たんぱく質	糖質	食塩相当量
8.2g	13.1g	0.9g

厚焼き卵

卵55g　**151kcal**

たんぱく質	糖質	食塩相当量
7.0g	3.9g	1.1g

ハムエッグ

卵55g、ロースハム40g　**182kcal**

たんぱく質	糖質	食塩相当量
14.2g	1.4g	1.7g

オムレツ

卵55g　**154kcal**

たんぱく質	糖質	食塩相当量
7.1g	2.6g	1.2g

茶碗蒸し

卵28g　**70kcal**

たんぱく質	糖質	食塩相当量
9.7g	0.7g	0.9g

スクランブルエッグ

卵55g　**116kcal**

たんぱく質	糖質	食塩相当量
7.0g	0.9g	0.9g

かに玉

卵55g　**207kcal**

たんぱく質	糖質	食塩相当量
14.8g	10.5g	1.5g

●野菜

野菜のナムル

もやし 50g、
ほうれんそう 40g
46 kcal

たんぱく質	糖質	食塩相当量
2.5 g	4.1 g	0.4 g

野菜の白あえ

ほうれんそう 80g、
豆腐 50g
89 kcal

たんぱく質	糖質	食塩相当量
6.2 g	3.6 g	0.4 g

ほうれんそうのごまあえ

ほうれんそう 80g
43 kcal

たんぱく質	糖質	食塩相当量
2.6 g	2.6 g	0.5 g

ひじきとれんこんのいり煮

ひじき(乾) 3g、
れんこん 30g
88 kcal

たんぱく質	糖質	食塩相当量
3.7 g	7.0 g	0.9 g

さといもの煮っころがし

さといも 140g
105 kcal

たんぱく質	糖質	食塩相当量
2.7 g	20.6 g	1.0 g

かぼちゃの煮物

かぼちゃ 90g
69 kcal

たんぱく質	糖質	食塩相当量
2.0 g	13.2 g	0.8 g

切り干し大根の煮物

切り干し大根 10g
88 kcal

たんぱく質	糖質	食塩相当量
3.4 g	12.0 g	1.2 g

ポテトサラダ

じゃがいも 70g
156 kcal

たんぱく質	糖質	食塩相当量
5.7 g	8.8 g	1.0 g

野菜サラダ

トマト 50g、
ブロッコリー 50gほか
87 kcal

たんぱく質	糖質	食塩相当量
3.4 g	6.2 g	1.0 g

なめこおろし

大根 90g、なめこ 25g
21 kcal

たんぱく質	糖質	食塩相当量
1.0 g	3.3 g	0.4 g

キャベツの浅漬け

キャベツ 70g
22 kcal

たんぱく質	糖質	食塩相当量
1.0 g	3.5 g	0.5 g

ぬか漬け

なす、大根、きゅうり各 10g
8 kcal

たんぱく質	糖質	食塩相当量
0.5 g	1.3 g	1.2 g

天丼

ご飯 200g、えび 40g

586kcal

たんぱく質	糖質	食塩相当量
16.0g	96.9g	3.5g

牛丼

ご飯 200g、
牛バラ肉 75g

691kcal

たんぱく質	糖質	食塩相当量
16.9g	87.5g	3.0g

親子丼

ご飯 200g、
鶏もも肉 50g

522kcal

たんぱく質	糖質	食塩相当量
21.3g	80.0g	2.6g

シーフードドリア

ご飯 120g、えび 30g、
鶏もも肉 25g

554kcal

たんぱく質	糖質	食塩相当量
22.9g	57.8g	2.6g

ポークカレー

ご飯 200g、
豚肩ロース肉 70g

680kcal

たんぱく質	糖質	食塩相当量
20.6g	91.9g	3.1g

うな丼

ご飯 200g、
うなぎかば焼き 80g

562kcal

たんぱく質	糖質	食塩相当量
24.0g	78.3g	1.9g

チャーハン

ご飯 200g、
ロースハム 40g

469kcal

たんぱく質	糖質	食塩相当量
16.5g	75.2g	2.2g

えびピラフ

ご飯 200g、えび 70g

490kcal

たんぱく質	糖質	食塩相当量
19.0g	81.6g	4.2g

ハヤシライス

ご飯 200g、豚もも肉 80g

594kcal

たんぱく質	糖質	食塩相当量
25.2g	93.7g	1.9g

赤飯

茶碗 1 杯 150g

279kcal

たんぱく質	糖質	食塩相当量
6.5g	60.5g	0g

いなりずし

小 2 個 62g

168kcal

たんぱく質	糖質	食塩相当量
4.5g	28.4g	0.6g

ビビンバ

ご飯 150g、
牛もも肉 30g

481kcal

たんぱく質	糖質	食塩相当量
14.2g	63.0g	4.2g

●めん

たぬきそば

そば(ゆで)1玉170g

364kcal

たんぱく質	糖質	食塩相当量
11.7g	48.8g	4.1g

鴨南蛮そば

そば(ゆで)1玉170g、合いがも45g

415kcal

たんぱく質	糖質	食塩相当量
17.3g	48.2g	3.3g

きつねうどん

うどん(ゆで)1玉240g、油揚げ20g

392kcal

たんぱく質	糖質	食塩相当量
13.8g	63.5g	4.3g

担担めん

中華めん(生)120g

632kcal

たんぱく質	糖質	食塩相当量
26.0g	68.5g	6.3g

タンメン

中華めん(生)120g

477kcal

たんぱく質	糖質	食塩相当量
21.2g	65.3g	2.8g

ラーメン

中華めん(ゆで)220g、焼き豚30g

418kcal

たんぱく質	糖質	食塩相当量
20.1g	61.2g	5.4g

冷やし中華

中華めん(生)120g

466kcal

たんぱく質	糖質	食塩相当量
20.2g	68.6g	5.9g

塩焼きそば

中華めん(蒸し)150g

485kcal

たんぱく質	糖質	食塩相当量
25.0g	52.7g	2.7g

ソース焼きそば

中華めん(蒸し)150g、豚もも肉30g

442kcal

たんぱく質	糖質	食塩相当量
15.4g	60.3g	3.0g

ペペロンチーノ

スパゲッティ(ゆで)176g

397kcal

たんぱく質	糖質	食塩相当量
13.4g	55.0g	3.3g

スパゲッティミートソース

スパゲッティ(ゆで)176g

625kcal

たんぱく質	糖質	食塩相当量
26.1g	61.0g	4.2g

ナポリタン

スパゲッティ(ゆで)176g

543kcal

たんぱく質	糖質	食塩相当量
16.1g	77.2g	3.6g

フレンチトースト

フランスパン 2 切れ 60g　**335kcal**

たんぱく質	糖質	食塩相当量
11.4g	42.3g	1.3g

ピザトースト

フランスパン 2 切れ 60g　**291kcal**

たんぱく質	糖質	食塩相当量
11.6g	35.6g	2.0g

チーズトースト

食パン 6 枚切り 1 枚 60g　**208kcal**

たんぱく質	糖質	食塩相当量
9.7g	25.6g	1.3g

サンドイッチ（ツナ）

食パン 12 枚切り
2 枚 60g、
ツナ（油漬け）50g　**388kcal**

たんぱく質	糖質	食塩相当量
15.1g	26.9g	2.4g

サンドイッチ（野菜、ハム）

食パン 12 枚切り
2 枚 60g　**275kcal**

たんぱく質	糖質	食塩相当量
9.4g	26.6g	1.9g

サンドイッチ（卵）

食パン 12 枚切り
2 枚 60g、卵 51g　**335kcal**

たんぱく質	糖質	食塩相当量
11.8g	27.3g	1.8g

カレーパン

1 個 100g　**302kcal**

たんぱく質	糖質	食塩相当量
6.6g	30.7g	1.2g

ホットドッグ

コッペパン 50g、
フランクフルトソーセージ 60g　**366kcal**

たんぱく質	糖質	食塩相当量
12.8g	30.9g	2.5g

ハンバーガー

バンズ用パン 60g、
合いびきハンバーグ 80g　**392kcal**

たんぱく質	糖質	食塩相当量
18.8g	41.8g	2.0g

クリームパン

1 個 80g　**229kcal**

たんぱく質	糖質	食塩相当量
6.3g	37.6g	0.3g

ジャムパン

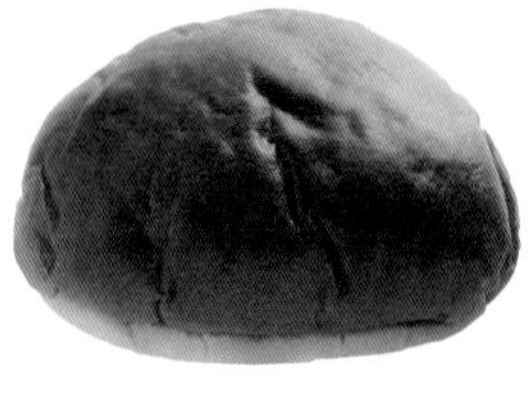

1 個 80g　**228kcal**

たんぱく質	糖質	食塩相当量
4.2g	45.2g	0.2g

あんパン

1 個 100g　**266kcal**

たんぱく質	糖質	食塩相当量
7.0g	49.7g	0.3g

主食・軽食

●パン、お好み焼きなど

揚げパン

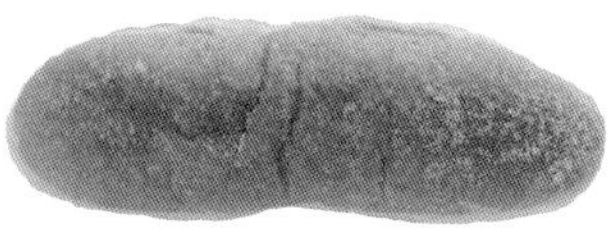

1個70g
成分値には仕上げの砂糖は含まれない

258kcal

たんぱく質	糖質	食塩相当量
6.1g	29.2g	0.8g

チョココロネ

1個80g

257kcal

たんぱく質	糖質	食塩相当量
4.6g	34.6g	0.3g

メロンパン

1個90g

314kcal

たんぱく質	糖質	食塩相当量
7.2g	58.2g	0.5g

あんまん

1個100g（こしあん）

280kcal

たんぱく質	糖質	食塩相当量
6.1g	48.7g	0g

肉まん

1個110g

266kcal

たんぱく質	糖質	食塩相当量
11.0g	44.2g	1.3g

ホットケーキ

200g

568kcal

たんぱく質	糖質	食塩相当量
15.5g	103.8g	1.4g

たこ焼き

1個40g

179kcal

たんぱく質	糖質	食塩相当量
12.9g	22.8g	1.5g

お好み焼き

小麦粉45g、
豚ロース50g

494kcal

たんぱく質	糖質	食塩相当量
28.1g	38.7g	2.1g

ピザ

ピザクラスト1枚100g。
トマトベースのもの

486kcal

たんぱく質	糖質	食塩相当量
20.5g	55.6g	2.6g

フライドチキン

鶏もも肉140g

332kcal

たんぱく質	糖質	食塩相当量
24.2g	5.8g	2.0g

フライドポテト

200g

306kcal

たんぱく質	糖質	食塩相当量
5.4g	42.2g	1.0g

アメリカンドッグ

ウィンナソーセージ20g

211kcal

たんぱく質	糖質	食塩相当量
5.5g	20.6g	1.2g

糖尿病と運動療法

糖尿病の基本的な治療は食事療法と運動療法です。本書では食事療法についてていねいに解説していますが、運動療法はどのようなものでしょうか。

3つの運動の組み合わせで、血糖値を下げる！

有酸素運動 ＋ 筋トレ ＋ ストレッチングで、

脂肪燃焼と糖代謝が活発に！

3つの運動の効果とは

有酸素運動

脂肪を効率よく燃焼し、体脂肪を減らす

酸素をとり込みながら、軽く汗ばむ程度に行う。話しながら行えるのがめやすで、長めに運動を続ける。糖代謝を促すたんぱく質やHDL（善玉）コレステロールを増やす働きがある。食後に有酸素運動を行うと、糖質が筋肉にとり込まれて使われるので、血糖値の上昇が抑えられる。毎日行うのが効果的。

例

- ジョギング
- しっかりと歩く
- なわとび
- サイクリング
- 水泳
- エアロビクス

など

筋トレ（筋肉トレーニング）

筋肉に負荷をかけ、質のよい筋肉を増やす

汗ばむ程度ではなく、しっかり汗をかく程度に行う。短時間で、負荷のかかる運動をする。質のよい筋肉が増えると、筋力や基礎代謝量が向上し、糖質が体脂肪として余分に蓄積されにくい体になる。

毎日行うとよいです。

例

- スクワット
- 腕立て伏せ
- ダンベル
- 短距離走 など
- 腹筋

ストレッチング

筋力にたまった疲れをとり、運動効果を上げる

日常生活の動作や運動によって疲れた筋肉はしっかりのばしてストレッチングを行うと、疲労物質の排出を促すことができます。ストレッチングは、1カ所の筋肉を20秒間のばすのが基本。

息を止めずに、ゆったり行うのがコツです。毎日行いましょう。

例

- 足腰のストレッチング
- 背中のストレッチング
- 胸や肩のストレッチング　など

3つを組み合わせると、運動療法の効果がアップ！

※運動中に動悸や息切れ、めまい、ふらつきを感じたり、運動後に関節痛や筋肉痛などが生じたりしたときには、すぐに中止し、主治医に相談しましょう。

8章

糖尿病の基礎知識

糖尿病はどういったものでしょうか。そして、なぜなるのでしょうか。糖尿病にならないためには、体の中で何が起こっているのかをまず知ることが大切です。ここでは、糖尿病のしくみや、原因についてわかりやすく解説しています。

糖尿病の基礎知識①

糖尿病はどんな病気？

糖質は大事なエネルギー源 糖代謝とは？

糖尿病は、糖代謝が悪くなり、血糖値が高くなる病気です。糖代謝とは、糖質が体内でエネルギーとして使われるまでのしくみのこと。どのようなものでしょうか？

私たちは日々食べ物を食べています。生きるためのエネルギーを食べ物から得ていますが、エネルギーとなる栄養素のひとつが糖質です。主に米や小麦、じゃがいもなどの炭水化物、砂糖や果物に含まれています。

食事からとった糖質は、口から体内にとり込まれ、ブドウ糖などに分解されます。ブドウ糖は小腸から吸収されて血液中に流れ込み、肝臓に運ばれます。そして肝臓から血流にのって全身にくまなく運ばれていきます。この血液中のブドウ糖を「血糖」といい、その濃度をあらわすのが「血糖値」です。

さて、ブドウ糖は一度肝臓に運ばれますが、大半はさらに全身に運ばれ、細胞内にとり込まれ、筋肉や脳のエネルギー源になって働きます（糖代謝）。このように糖質は貴重なエネルギーなのです。エネルギーとなるだけではなく、肝臓に運ばれた一部のブドウ糖はグリコーゲンとなって蓄えられます。筋肉にとり込まれたブドウ糖も一部はグリコーゲンとなって貯蔵されます。肝臓や筋肉に届いたうち、余分なブドウ糖は、脂肪細胞にとり込まれ、脂肪として蓄積されます。

糖代謝が悪くなり、血糖値が高くなる病気

糖代謝に欠かせないのが膵臓から分泌されるインスリンというホルモンです。血糖値は、だれしも食事をすると上昇しますが、健康であれば食後数時間で元の数値に戻ります。このようにして、インスリンの働きにより、血糖値は一定の範囲内に保たれています。しかし、なんらかの理由で、インスリンの働きが悪くなったり、分泌量が減ったりすると、糖代謝がスムーズに行われなくなり、血液中のブドウ糖が増え、血糖値の高い状態が続きます。これが糖尿病です。

この状態が続くと、血管はだんだん傷つき、神経障害、網膜症、腎臓障害などといった糖尿病特有の合併症を誘発します。また、動脈硬化が進んで心筋梗塞、脳卒中などを引き起こす危険も高まります。また、著しく高血糖な状態になると、昏睡（ケトアシドーシス・163ページ参照）などの急性合併症になることもあります。糖尿病は合併症を誘発する危険な病気なので、血糖値が高いとわかったらすぐに治療を始めましょう。

糖尿病は血液中のブドウ糖の量がいつも多い状態

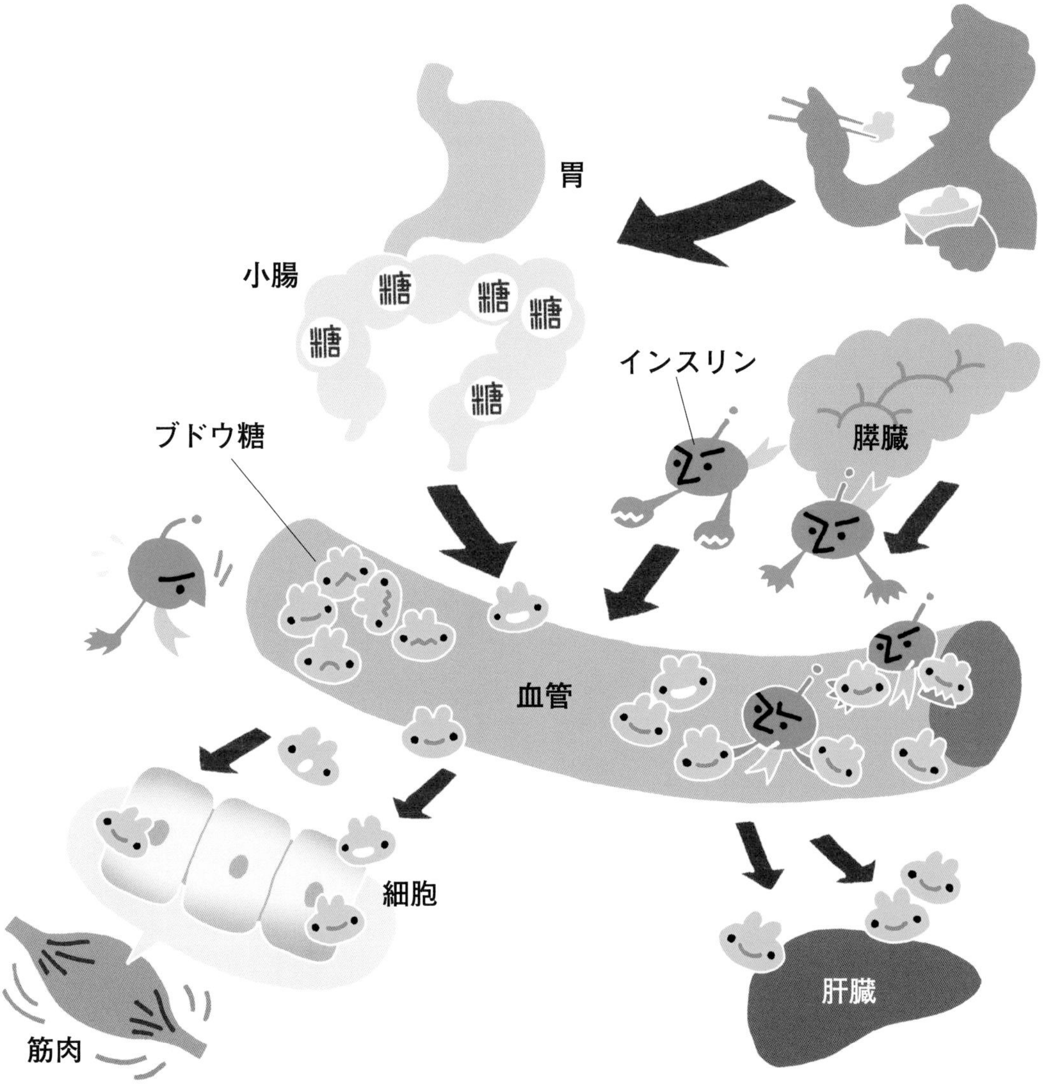

糖尿病の原因

インスリン分泌低下

膵臓のβ細胞の機能が低下し、インスリンの分泌量が少なくなる

インスリン抵抗性

血糖値を下げるインスリンの働きが悪くなる

糖尿病の基礎知識②

血糖値を下げてくれるインスリンとは

血糖値とインスリンの働き

前述のとおり、糖代謝（血液中のブドウ糖が筋肉や細胞でエネルギーとして使われるしくみ）に必要なのが、インスリンというホルモンです。また、インスリンはブドウ糖がグリコーゲンとなって、肝臓や筋肉で蓄えられるときにも欠かせません。これはインスリンが血液中のブドウ糖を減らすことで血糖値が下がるからです。

インスリンは、膵臓のランゲルハンス島という細胞に含まれるβ細胞でつくられ、必要なときに分泌されます。たとえば、食事を始めると血液中のブドウ糖が増え始めるので、インスリンが分泌されます。こうしてブドウ糖が運ばれて使われることで、食後は血糖値が上昇するものですが、食後数時間で元の数値に戻ります。

しかしインスリンの分泌が減ったり、働きが悪かったりすると、食事を始めて血液中のブドウ糖が増えても、それを使うことができず、増え続けてしまいます。そうすると、食後数時間たっても、血糖値が高いままの状態となり、下がりづらくなります。

インスリンが働かない状態が続くと…

インスリンが働かない状態は大きく分けて、インスリンの分泌不足とインスリン抵抗性の2つがあります。

インスリンの分泌不足は、膵臓の機能が下がり、インスリンを十分に分泌できない状態です。

インスリン抵抗性は、インスリンが正常に分泌されていても、その働きを阻害する異常があり、その効果を発揮できないために、ブドウ糖が処理できなくなる状態です。

どちらの場合も、インスリンが十分に働かないため、ブドウ糖が血液中に増えてエネルギーとして使われなくなります。そして、体はブドウ糖が足りないと誤認します。そうすると、肝臓や脂肪に蓄積しているグリコーゲンをブドウ糖にもどしてエネルギーとして消費しようと、ランゲルハンス島にあるα《アルファ》細胞からグルカゴンというホルモンが分泌されるのです。高血糖状態にもかかわらず、さらにブドウ糖が増え、ますます血糖値が高くなります。

糖尿病になり、高血糖状態が続くと、インスリンをつくるβ《ベータ》細胞が疲弊し、インスリンがつくれなくなってしまうのです。こうなると、さらに糖尿病が進行します。

インスリンはどこでつくられているの？

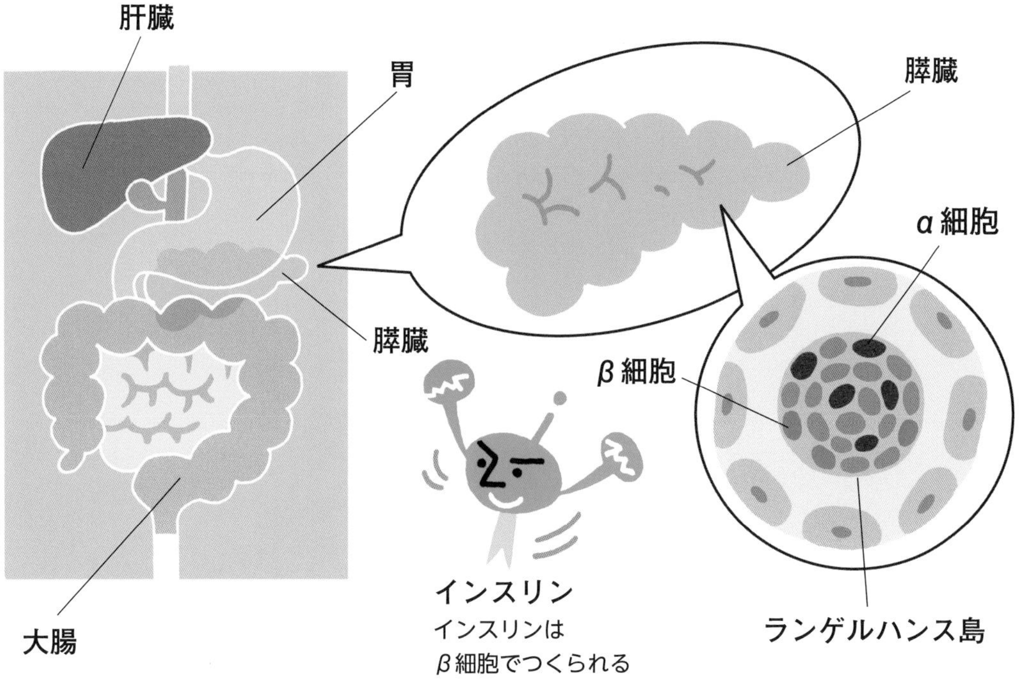

インスリンの働き

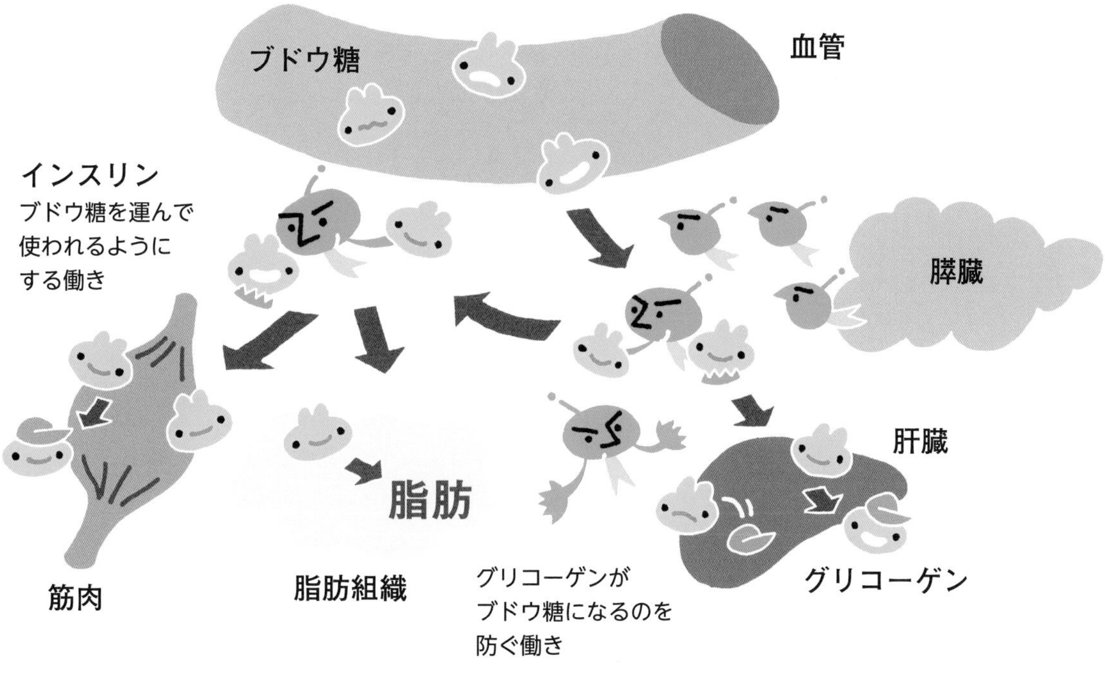

糖尿病の基礎知識③

こんな人が糖尿病になりやすい

糖尿病の大きな要因は遺伝と環境

2型糖尿病は、遺伝的要素である糖尿病になりやすい体質を持ち、かつ、生活習慣が引きがねになります。つまり大きな要因は遺伝と生活習慣です。

家族や親戚に糖尿病の人がいる場合は、糖尿病になりやすいので、まずは生活習慣などを見直しましょう。そして、もしも糖尿病になりやすい食生活を送っていたら、すぐに改善する必要があります。

もともと日本人は体質的に糖尿病になりやすい民族であるとわかっているので、血縁者に糖尿病の人がいない場合でも、遺伝的要因が絶対にないとはいえません。

どんな人も、生活習慣や生活環境に注意することが、糖尿病になるのを防ぐ方法となります。

肥満とストレスに要注意！

糖尿病の最大の要因は肥満です。食べすぎや運動不足により、内臓脂肪が蓄積し、いわゆる内臓脂肪型肥満になると、インスリンの働きを鈍くするホルモンが分泌されます。また、食べすぎ、深夜の食事、過度な飲酒など食生活が乱れても、内臓脂肪は増えます。

またストレスも糖尿病に悪影響を与えます。過度なストレスは、不規則な食事、睡眠不足といったような生活習慣の乱れを招きます。また、ストレスが強くかかるとアドレナリンなどのホルモンが分泌されますが、これはインスリンの働きを悪くし、血糖値が高くなってしまうのです。ストレスは心的なものでも、ケガや病気などの肉体的なものでも同様です。ストレスを減らしましょう。

左ページの項目が問題なくても安心できません。次の項目もチェックを。

・早食い、ながら食い。よくかまない。
・朝食を抜く。
・就寝の2時間以内に夕食をとる。
・野菜が嫌いで、ほとんど食べない。
・ほぼ毎日アルコールを飲む。
・20歳のときよりも体重が10kg以上増加。この1年間で体重の増減が3kg以上あった。
・歩く速度が遅い（同世代の同性と比較）。
・タバコを習慣的に吸っている。

40歳以上になると、加齢によって体全般の機能が衰え、糖代謝や膵臓の作用が弱まります。さらに生活習慣が乱れると、糖尿病になりやすくなります。年齢にかかわらず、生活習慣は糖尿病のリスクを高めるので、生活習慣をよく見直し、改善しましょう。

Check！ こんな人が糖尿病になりやすい！

このなかで、２つ以上あてはまるものがあれば、将来、糖尿病になりやすいといえます。

- [ ] 家族、親戚に糖尿病の人がいる

- [ ] 運動不足である

- [ ] 肥満である

- [ ] ついつい食べすぎてしまう

- [ ] 心身にストレスがある

- [ ] 40歳以上である

- [ ] 間食が多い、遅い時間に夕食をとる、夕食の量が多い傾向がある

- [ ] 4000g以上の赤ちゃんを出産した経験がある

該当項目の多い人ほど、
糖尿病になりやすい資質を持っているといえます。
最低でも１年に１回の健康診断を受けるようにしましょう。

糖尿病の種類とは？

約90%が2型糖尿病

糖尿病は大きく分けて、1型糖尿病と2型糖尿病、妊娠糖尿病、そのほかの糖尿病の4種類に分類されます。

1型糖尿病は、膵臓でインスリンをつくるβ細胞の機能が低かったり、こわれたりしてインスリンがほぼ出なくなることで発症します。その原因はさまざまですが主に、自己免疫反応によるものと考えられています。自身の免疫機能がβ細胞を攻撃してしまうのです。1型糖尿病は、子どもや若い人に多く見られますが、大人になって発症する人もいます。その割合は糖尿病全体の3～5%です。

全体の9割を占める2型糖尿病は、もともと膵臓は正常ですが、生活習慣の乱れによるインスリンの作用低下や分泌不足によって起きます。中高年に多く、生活習慣を改善することで、糖尿病の進行を遅らせたり、止めたりすることができるので、早期発見、早期治療がきわめて重要となります。

妊娠糖尿病、そのほかの糖尿病

妊娠糖尿病は、妊娠中にはじめて発見された糖代謝異常です。母体が高血糖であると、胎児にも影響が出ます。血糖コントロール不足の状態が続くと、母体の妊娠高血圧症候群、羊水量の異常、網膜症、胎児の流産や形態異常などといった合併症の可能性があるので、安全に出産するためには血糖コントロールが欠かせません。妊娠糖尿病の大半は妊娠時の一時的なもので、出産後は正常に戻りますが、数年後に糖尿病になる人もいるので、出産後も生活習慣の見直しなど注意が必要です。

すでに糖尿病と診断された人が妊娠する場合や、妊娠中に明らかな糖尿病であると診断された場合は、妊娠糖尿病ではなく、糖尿病合併妊娠と呼ばれます。よりいっそうの厳格な血糖コントロールが必要となります。

妊娠中は胎盤から分泌されるホルモンが、インスリンの作用を弱めるので、妊娠していないときよりも糖尿病になりやすくなります。特に妊娠後半に高血糖になりやすいので注意しましょう。妊娠中も適度な運動療法を行い、食事療法をしっかり行いましょう。

そのほかの糖尿病は、肝臓病、膵臓病、感染症、遺伝子異常などほかの特定の病気が原因の場合が含まれます。また、副腎皮質ホルモン剤など薬によって引き起こされることもあります。

糖尿病の種類

1型糖尿病

膵臓のβ細胞がこわれて、インスリンが分泌されないため、インスリンの絶対量が不足することで起こる糖尿病です。

2型糖尿病

インスリンの分泌量が少なかったり、インスリンの働きが悪くなったりすることで起こる糖尿病です。

そのほかの糖尿病

そのほかの特定の病気が原因で起こる糖尿病や、遺伝子異常が原因で起こる糖尿病です。

妊娠糖尿病

妊娠中にはじめて発見された、または発症した糖尿病に至っていない糖代謝異常です。妊娠前から糖尿病だった人が妊娠した場合は糖尿病合併妊娠といいます。

1型糖尿病と2型糖尿病の比較

	1型糖尿病	2型糖尿病
発症年齢	若年（20歳以下に多い）	中高年（40歳以降に多い）
体型	やせ型に多い	肥満型が多いが、やせ型もいる
発症の原因	膵臓でインスリンをつくるβ細胞という細胞が自己免疫反応によりこわれてしまうことによる	遺伝的資質（糖尿病になりやすい体質）に、生活習慣の乱れなどによる肥満や運動不足、ストレスなどの要因が加わることによる
症状のあらわれ方	突然、発症する。糖尿病特有の症状がすぐにあらわれ、病状は急激に進行する	自覚症状が出ないこともあり、気がつかないうちに進行する。いつ発症したか特定がむずかしい
治療方法	インスリン注射	食事療法と運動療法が基本。症状によって薬物療法（飲み薬、注射、インスリン注射）も用いる
比率	糖尿病患者の3～5％	糖尿病患者の90％以上

糖尿病の基礎知識⑤

糖尿病はどんな症状が出るの？

見のがさないで！こんな症状に注意！

糖尿病はここまでで説明したように、膵臓から分泌されるインスリンというホルモンの働きが悪くなったり、分泌量が減ったりして、血糖値が高い状態が続く病気です。

ただし、残念なことに血糖値が継続して高くても、初期症状がほとんどありません。次のような症状がひとつでも該当する人は、糖尿病がすでに進行している可能性があります。

●尿の量や回数が多くなる

血糖値が高くなると、血液中の余分なブドウ糖が尿の中に排出されます。そのため、尿の量が多くなります。また、頻尿に伴い、のどが渇くので水分摂取が増えます。

●のどが渇き、水分を多くとる

前項記述のとおり、高血糖が続くと余分なブドウ糖が排出されるため、尿量が増えます。尿が多くなると、ブドウ糖は体内の水分もともに排出させるので、のどが渇きます。

つまり、ジュースなど糖質を含んだもので水分をとると、さらに血糖値が上昇する可能性があるので危険です。やめましょう。

●食べているのに、体重が減る

「3食きちんと食べたのに、おなかがすく」「たくさん食べているのに、やせた」。

糖尿病が進み、インスリンの働きが弱まったり、分泌量が減ったりすると、本来は食事でとった糖質をブドウ糖に分解して体や脳のエネルギーとしているのに、それができません。その結果、糖質を摂取していても、体重が減少します。

●体がだるく、疲れやすい

前項記述のとおり、インスリンの作用が弱くなったり、分泌が足りなくなったりすると、糖がうまく利用されず、体内はエネルギー不足の状態となり、頻尿による脱水もあいまって、休んでも疲れがとれづらく、疲労を感じるのです。

これらの症状にひとつでも該当する人は、すでに高血糖の状態が続いているかもしれません。血糖値が高い状態が続くと、左ページに記述したようにケトアシドーシスという状態になり、糖尿病性昏睡になることもあります。すぐに病院で検査を受けましょう。

糖尿病の症状

こんな症状が出てきたら要注意。
すでに糖尿病が進行しているかもしれません。

のどが渇く

尿の量・回数が多い

食べているのにやせる

体がだるい、疲れやすい

糖尿病がさらに進行すると……

糖尿病性昏睡
（ケトアシドーシス）

糖尿病に伴う高血糖が原因で起こる意識不明の状態を糖尿病性昏睡といいます。「糖尿病ケトアシドーシス」と、「非ケトン性高浸透圧性昏睡」があります。ある日突然起こることは少なく、のどの渇きや体のだるさなど、いくつかの初期症状をへて、徐々に進行します。ただし、高齢者は、糖尿病の進行によっては神経機能が低下しているために、症状を自覚できないこともあります。

さまざまな合併症に

糖尿病が進行すると、さまざまな合併症を引き起こします。糖尿病の初期は、自覚症状がないことがほとんどなので、合併症が起きてから自分が糖尿病になっていると診断される人も少なくありません。糖尿病性網膜症や糖尿病性腎症などがその代表です。ほかに脳梗塞や心筋梗塞も、糖尿病が進行すると、リスクが高まります。

➡くわしくは166ページ

糖尿病と診断されるまで

空腹時血糖値とヘモグロビンＡ１ｃ（ＨｂＡ１ｃ）

一般的な健康診断で糖尿病の診断に使われるのは、おもに「空腹時血糖値」と「ヘモグロビンＡ１ｃ（ＨｂＡ１ｃ）の検査項目です。「空腹時血糖値」は朝食前の空腹時に測った血糖値のこと。検査前夜の21時以降から絶食し、翌朝、検査を行います。「ヘモグロビンＡ１ｃ」は過去1～2か月の血糖値の平均を反映する数値で、血糖値のように短期間では大きな変動がありません。

健康診断で、空腹時血糖値とヘモグロビンＡ１ｃを検査して、両方ともに糖尿病の判断基準に達している場合は、糖尿病と診断されます。どちらか一方だけが、糖尿病の判断基準値を満たしている場合は、後日改めて再検査をします。再検査では、これらの検査のほかに「75g経口ブドウ糖負荷試験2時間値」「随時血糖値」などの血糖検査が行われることもあります。これらの検査で、糖尿病かそうでないかを医師が診断します。

●ヘモグロビンＡ１ｃとは

ヘモグロビンＡ１ｃは、赤血球中のヘモグロビンとブドウ糖がくっついたもの（グリコヘモグロビン）で、過去1～2か月の血糖の状態がわかる検査です。健康診断でヘモグロビンＡ１ｃ値を用いる際には、ＮＧＳＰ認証を取得している機器で測定することが推奨されています。

●糖尿病の診断基準

糖尿病を診断する際には、全国共通の診断基準が定められています。以前は、原則として2回の検査が必要でしたが、新しい基準では1回の検査で診断される場合が多くなりました。

糖尿病は自覚症状がほとんどないので、健康診断は病気に気づくことができる貴重な機会です。１年に１回の健康診断、ぜひ受けましょう。

糖尿病の検査結果は３タイプに診断される

糖尿病の診断結果は「正常型」「糖尿病」「境界型」の３つに分けられます。この結果のほかに糖尿病の合併症が起こっていないか、家族歴や肥満度などの危険因子の有無やその程度によって、医師が糖尿病かどうかを診断します。

境界型と診断されると、「糖尿病ではない。よかった」と思ってしまう人がいますが、境界型は糖尿病ではないとはいえ、正常な状態ではありません。いつ糖尿病になってもおかしくないのです。境界型と診断されたり、血糖値が高いといわれたりした段階から、医療機関で治療を開始しましょう。

糖尿病診断のフローチャート

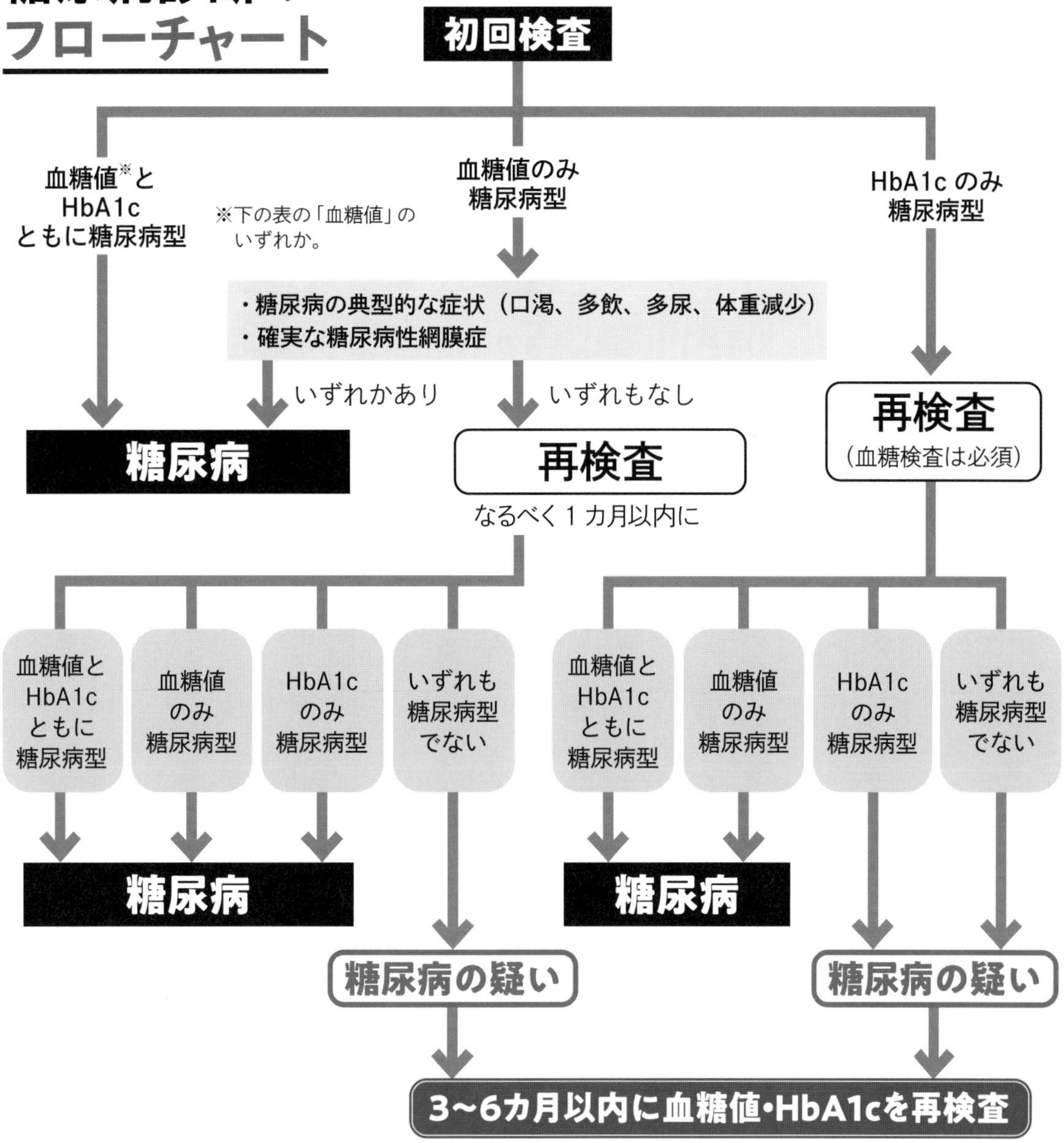

糖尿病型の判定基準値

血糖値	空腹時血糖値	126㎎/dℓ以上
	75g経口ブドウ糖負荷試験2時間値	200㎎/dℓ以上
	随時血糖値	200㎎/dℓ以上
ヘモグロビンA1c（HbA1c）		6.5％以上

糖尿病の基礎知識⑦

糖尿病の合併症

糖尿病が血管を傷つけ、合併症を引き起こす

血糖値が高い状態が続くと、ブドウ糖濃度の高い血液が全身の血管をくまなくめぐります。こうして血管に負担がかかり続けると、血管がボロボロの状態になります。その結果、全身にある血管や神経に影響を及ぼしてしまい、慢性合併症と呼ばれる、さまざまな病気を引き起こします。

糖尿病の治療をせずに何年もほうっておくと、糖尿病が進行してしまい、糖尿病性昏睡（163ページ参照）と呼ばれる意識不明の状態になることがあり、たいへん危険です。

合併症は糖尿病の初期段階から生じる可能性があり、治療を受けていた人と受けていない人との危険度の差は大きくなります。合併症のなかには、命にかかわる深刻な症状もあるので、注意が必要です。糖尿病を放置せずに、治療を行いましょう。

さまざまな種類の合併症

糖尿病の合併症で、代表的なものが糖尿病性神経障害（足が壊死《えし》する病気にもつながる）、糖尿病性網膜症（失明することもある目の病気）、糖尿病性腎症（腎臓の病気）の3つです。

そのほかにも、心筋梗塞や脳梗塞、動脈硬化、糖尿病性足病変などを発症する可能性もあります。近年では、糖尿病に罹患すると、認知症や歯周病、がん、骨病変の発症頻度が高まることもわかっています。血糖コントロールが悪いと、新型コロナウイルスやインフルエンザにも感染しやすくなります。

合併症を起こさないために

糖尿病になっても、初期段階では自覚症状がほとんどないため、糖尿病であることや血糖値が高いことを実感できません。また、糖尿病と聞いたときに、命の危険があると思わない人も多くいます。

そのためか、血糖値が高いとわかっても再検査を受けない人や、糖尿病と診断されても治療を受けずにほうっている人がいます。糖尿病と診断されても治療をしていない人や、治療を中断してしまった人が、糖尿病患者の半数近くにものぼります。

糖尿病と診断されたのに治療せずにほうっておくと、どんどん進行し、さらには合併症も引き起こしてしまいます。血糖値が高いとわかった、糖尿病や境界型と診断された、その瞬間から、通院しましょう。医師の指導のもとで食事療法を開始し、血糖コントロールを行うことが重要です。

糖尿病のさまざまな合併症

糖尿病と診断されたのに治療を受けずほうっておくと、数年後、さまざまな合併症を起こす可能性があります。

感染症

- 毛嚢《もうのう》炎（面疔《めんちょう》）
- 口腔内カンジダ症
- 歯周病
- 肺炎
- 肺結核
- 間擦部カンジダ症
- 腎盂《じんう》腎炎
- ひょうそ
- 尿路感染
- おでき
- 壊疽《えそ》※
- 爪白癬《つめはくせん》
- 足白癬（水虫）

※壊疽…組織が腐ってしまう状態のこと。

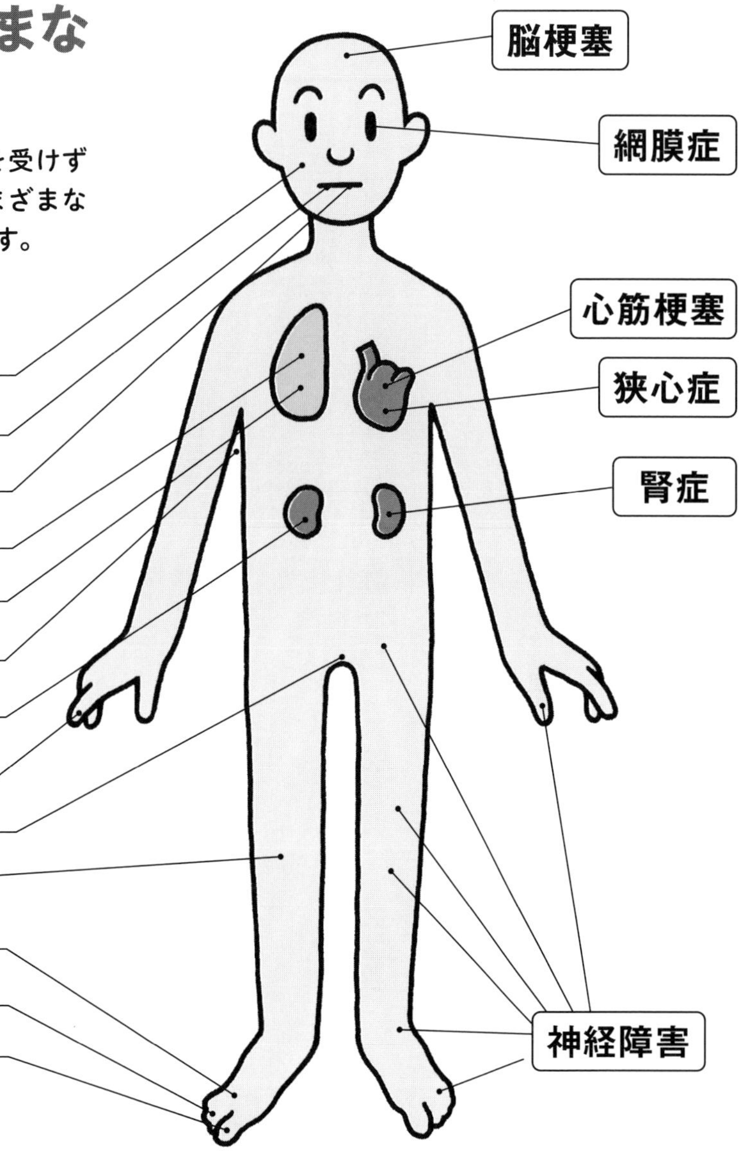

糖尿病の三大合併症

糖尿病性 腎症

腎臓は血液中の老廃物をろ過して、尿として排出する働きをします。その機能が衰えると、最終的に人工透析による治療が必要になります。

糖尿病性 網膜症

目のいちばん奥にある網膜に障害（血栓や出血）が生じ、視力が低下し、失明するおそれもある病気です。定期的な目の検査が必要です。

糖尿病性 神経障害

知覚や運動の末梢神経に障害が生じ、手足の感覚が麻痺したり、しびれや痛みが出たりします。特に足先は悪化すると壊疽へとつながります。

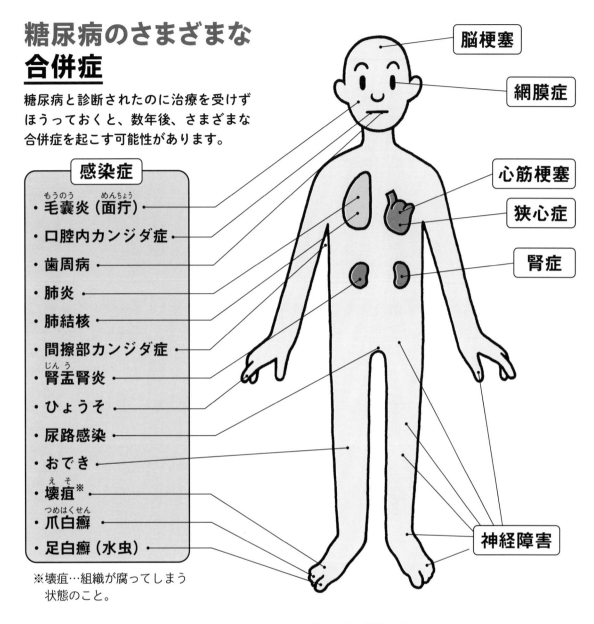

糖尿病の基礎知識⑧

糖尿病はどんな治療をする？

食事療法＆運動療法を助けるのが薬物治療

糖尿病治療の３本柱は食事療法と運動療法、薬物療法。もっとも重要なのが食事療法です。糖尿病の要因である肥満の解消には運動療法が効果的なので、運動の習慣化を心がけましょう（１５２ページ参照）。食事療法と運動療法で血糖値をうまくコントロールできない場合は薬物療法も取り入れます。

薬物療法には、飲み薬と注射があります。飲み薬は、ある程度インスリン分泌能が保たれている場合に処方され、その目的は「インスリンの分泌を促す」「ブドウ糖の吸収を抑えて、食後の高血糖を抑える薬」など多岐に渡ります。注射薬は、インスリン分泌を促し、膵臓の疲弊を防ぐものと、インスリンの分泌が枯渇する場合にそれを促すものとして使われます。

糖尿病治療のめざすもの

糖尿病治療の目標は、血糖や血圧、脂質代謝をうまくコントロールし、適正体重を維持すること、また、糖尿病の合併症の発症や進行を阻止することです。つまり、「糖尿病ではない人と変わらない寿命と日常生活の質（ＱＯＬ）の実現を目指すこと」です。以前と比べて糖尿病の合併症の発症が抑えられていると報告されています。

特に、高齢者の糖尿病では、サルコペニア（加齢などが原因で筋肉量の減少、筋力の低下が生じること）、フレイル（13ページ参照）が問題になっています。糖尿病ではない人と変わらない寿命とＱＯＬの実現を目指すためには、これらの合併症の予防、管理が重要です。

血糖コントロールの指標

合併症予防のためには、ヘモグロビンＡ１ｃ（ＨＢＡ１ｃ）値は７・０％未満が目標の数値です。それに対応する空腹時血糖値は１３０㎎／dℓ未満、食後２時間血糖値は１８０㎎／dℓ未満がおおよそのめやすです。ただし、血糖コントロールの目標値は年齢、糖尿病を発症してからの期間、合併症の有無といった、一人ひとりの体の状態や治療内容によって決まるので、主治医に確認しましょう。

65歳以上の高齢者の糖尿病患者は低血糖による弊害が大きく、心身機能への影響には個人差があります。そこで、２０１５年に高齢の糖尿病患者（65歳以上）については、認知機能なども考慮した新しい目標値が設定されています。65歳以上の人は必ず主治医に確認してください。

糖尿病治療の目標

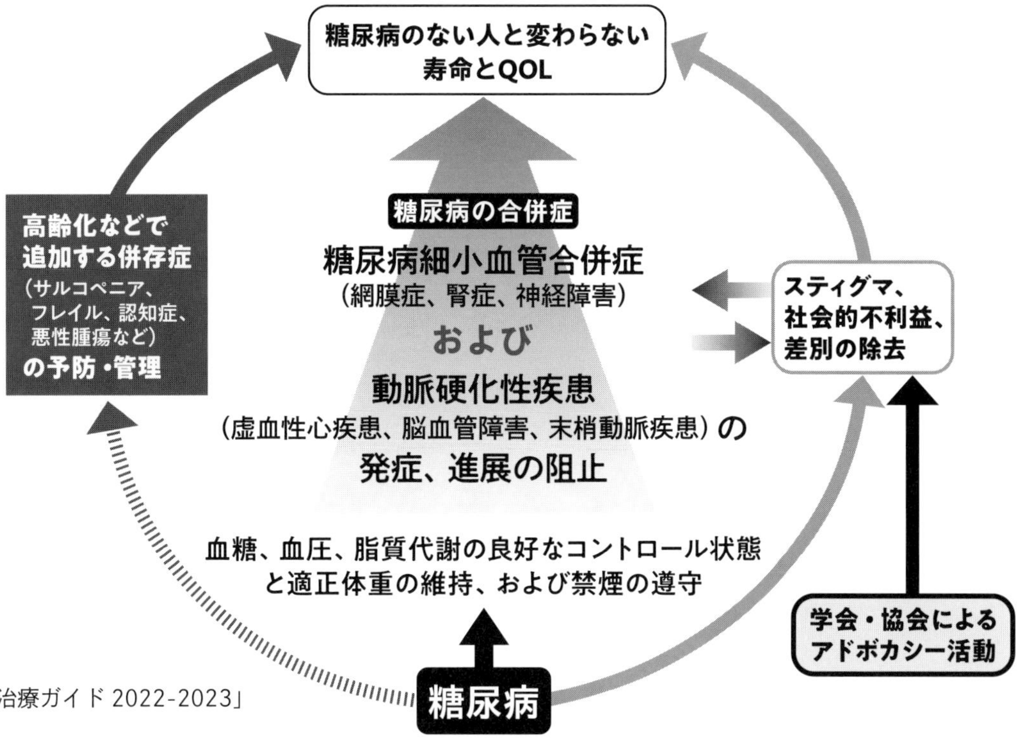

出典：
「糖尿病治療ガイド 2022-2023」

糖尿病に関わるスティグマ

社会的な不利益や差別の対象になる烙印を押されることを「スティグマ」と言います。糖尿病と診断されたことで「就職や昇進に不利になる」「生命保険や住宅ローンに加入できない」「怠け者と思われる」といった「糖尿病スティグマ」が問題になっています。このような偏見があると、糖尿病であることを周囲に隠す→適切な治療の機会を失う→糖尿病や合併症の重症化→医療費の増大など多様な悪影響を及ぼします。

血糖コントロールの目標数値

血糖コントロール目標

	コントロール目標値（注4）		
目　標	血糖正常化を目指す際の目標（注1）	合併症予防のための目標（注2）	治療強化が困難な際の目標（注3）
HbA1c（%）	6.0未満	7.0未満	8.0未満

治療目標は年齢、罹病期間、臓器障害、低血糖の危険性、サポート体制などを考慮して医師が個別に設定する。

（注1）適切な食事療法や運動療法だけで達成可能な場合、または薬物療法中でも低血糖などの副作用なく達成可能な場合の目標とする。

（注2）合併症予防の観点からHbA1cの目標値を7%未満とする。対応する血糖値としては、空腹時血糖値130㎎/㎗未満、食後2時間血糖値180㎎/㎗未満をおおよそのめやすとする。

（注3）低血糖などの副作用、その他の理由で治療の強化が難しい場合の目標とする。

（注4）いずれも成人に対しての目標値であり、また妊娠例は除くものとする。

エネルギー量	料理名	掲載ページ
35kcal	わかめのナムル	88
36kcal	糸こんとししとうのおかかいため	63
37kcal	にんじんの塩こんぶあえ	94
38kcal	オニオンスライス	59
45kcal	きのこ入りラタトゥイユ	88
47kcal	きゅうりの薄味いため	62
47kcal	ほうれんそうとベーコンのサラダ	64
48kcal	わかめのにんにくしょうがいため	63
49kcal	かぼちゃのピリ辛いため	62
52kcal	コールスロー風サラダ	65
53kcal	三つ葉のナムル	67
54kcal	ひじきの煮物	60
54kcal	蒸しアスパラのチーズのせ	60
57kcal	ピーマンのゆずこしょうきんぴら	95
62kcal	ズッキーニのチーズ焼き	62
62kcal	白菜の中華風甘酢漬け	66
65kcal	きのこのきんぴら	63
65kcal	パプリカのトマトマリネ	67
70kcal	厚揚げと小松菜の煮びたし	58
75kcal	大豆とれんこん、ひじきのきんぴら	89
76kcal	トマトと青じそのサラダ	64
80kcal	ブロッコリーのミモザサラダ	64
82kcal	白菜のチョレギサラダ	65
92kcal	めかぶ納豆	58
94kcal	おろし納豆	58

汁物

エネルギー量	料理名	掲載ページ
6kcal	あさりのすまし汁	70
14kcal	まいたけのお吸い物	70
14kcal	わかめとねぎのスープ	70
70kcal	ミネストローネ	69
72kcal	豚汁	68
94kcal	つぶしブロッコリーのスープ	69
95kcal	けんちん汁	68

主食

エネルギー量	料理名	掲載ページ
228kcal	カリフラワーのリゾット	73
244kcal	ピザトースト	80
250kcal	シーフードカレー風味焼きそば	77
255kcal	野菜たっぷり納豆そば	78
270kcal	しらたきのエスニックめん	77
303kcal	けんちんうどん	78
317kcal	ひじきとそぼろ煮のまぜご飯	93
325kcal	鮭とレタスのチャーハン	73
335kcal	ナムルご飯	72
343kcal	えびときのこのペンネ	91
350kcal	サラダチキンとなすのサンドイッチ	81
355kcal	野菜のカレー	74
357kcal	焼き油揚げ入りそば	76
358kcal	鶏飯	72
359kcal	韓国風のり巻き	75
373kcal	パンサラダ	80
396kcal	鶏肉と小松菜のペペロンチーノ	79
397kcal	きのこ入り親子丼	74
423kcal	ツナとトマトのペンネ	79
428kcal	さばサンドイッチ	81
440kcal	ハヤシライス	75
487kcal	にらたっぷり中華そば	76

デザート&ジュース

エネルギー量	料理名	掲載ページ
40kcal	黒みつところてん	96
75kcal	トマトオレンジサワージュース	98
75kcal	りんごとセロリのスムージー	98
88kcal	パイナップルと小松菜のスムージー	98
91kcal	コーヒーゼリー	96
132kcal	即席チョコチーズケーキ	97
137kcal	キウイジェラート	97

料理編・エネルギー量の低い順

本書で紹介した料理（主菜、副菜、汁物、主食、デザート＆ジュース）をエネルギー量の少ない順に並べています。献立を組み立てる際に参考にしてください。

主菜

副菜

栄養データ・料理編

糖質コントロールが可能な市販品

栄養データ・食材編

●医学監修　**片山隆司**　医療法人社団慈翔会 かたやま内科クリニック 院長・理事長

●栄養監修　**牧野直子**　スタジオ食、管理栄養士

●スタッフ

栄養指導	牧野直子（スタジオ食）
栄養価計算	スタジオ食、貴堂明世（CuOliva《クオリーヴァ》主宰）
レシピ	伊藤玲子、大越郷子、貴堂明世、堤人美、兎兎工房、牧野直子、松本京子
スタイリング	ダンノマリコ
装丁・本文デザイン	植田尚子
イラスト	福留鉄夫
撮影	松木 潤、佐山裕子（主婦の友社） 三宅文正（フォトオフィスKL） 鈴木江実子、千葉 充、安井真喜子
編集協力	平山祐子、早 寿美代（兎兎工房）
編集担当	平野麻衣子（主婦の友社）

＊本書に掲載されている食品の栄養成分値は、文部科学省科学技術・学術審議会資源調査分科会報告『日本食品標準成分表 2020 年版（八訂）増補 2023 年』の数値をもとに算出したものです。なお、食品の栄養成分値は、品種や産地、季節などの条件によって違います。成分値は平均的な数字です。目安としてご利用ください。

＊一部の市販品は、2024 年 2 月現在のもので、今後内容が変更される場合があります。変更された内容やご注文につきましては各企業のサイト等をごらんください。

目《め》で見《み》る 糖尿病《とうにょうびょう》の人《ひと》のための食材《しょくざい》&料理《りょうり》700

2024 年 4 月 30 日　第 1 刷発行
2024 年 7 月 10 日　第 2 刷発行

編　者　主婦の友社
発行者　丹羽良治
発行所　株式会社主婦の友社
〒141-0021　東京都品川区上大崎 3-1-1 目黒セントラルスクエア
電話　03-5280-7537（内容・不良品等のお問い合わせ）
049-259-1236（販売）
印刷所　大日本印刷株式会社

  Printed in Japan ISBN978-4-07-456540-5

■本のご注文は、お近くの書店または主婦の友社コールセンター（電話0120-916-892）までご連絡ください。
＊お問い合わせ受付時間 月～金（祝日を除く） 10:00～16:00
＊個人のお客さまからのよくある質問のご案内
https://shufunotomo.co.jp/faq/